Regine Hauch

Aldidente backen

Preiswert backen rund ums Jahr

Eichborn.

Die Reihe aldidente wurde initiiert von Regina Schneider und Astrid Paprotta.

Vorbemerkung:
Außer den üblichen Haushaltsgeräten braucht man unbedingt eine Mandelmühle, um die im ALDI-Sortiment vorhandenen Mandeln und Nüsse mahlen zu können. Frisch gemahlene Nüsse und Mandeln sind außerdem geschmacklich von sehr viel größerer Qualität.

unterstrichene Artikel kommen nur hin und wieder im ALDI-Sortiment vor,
kursiv gedruckte Artikel kann man nicht bei ALDI kaufen.

Die Deutsche Bibliothek — CIP-Einheitsaufnahme

Aldidente backen : preiswert backen rund ums Jahr ; Rezepte und Geschichten / Regina Hauch. – Frankfurt am Main : Eichborn, 1998
ISBN 3-8218-3498-6

Umschlagillustration von Uschi Heusel.
Lektorat: Tatjana Walter / Matthias Bischoff
Vignetten: Moni Port
Satz: Fuldaer Verlagsanstalt, Fulda
Druck und Bindung: Werner Söderström OY, Finnland
ISBN 3-8218-3498-6

Verlagsverzeichnis schickt gern:
Eichborn Verlag, Kaiserstraße 66, D-60329 Frankfurt am Main
http://www.eichborn.de

Laß das, Günter!

Stühle rücken, Kaffeelöffel klappern, Stoffservietten werden entfaltet und auf Oberschenkeln plaziert. Ein leichter Sommerwind streichelt über die Kaffeetafel, zupft sanft an der Tischdecke und am Sonnenschirm. Der würzige Duft von frischgeschnittenem Rasen liegt in der Luft und aus der Küche kommt das gurgelnde Geräusch der Kaffeemaschine. Es ist ein Sonntag, wie sie ihn lange nicht mehr so schön hatten, hier auf der Terrasse ihres Eigenheims, da sind sich alle einig. Und das ausgerechnet heute, an Sophiechens drittem Geburtstag. Wie bestellt, sagt der Opa und kneift das Enkelkind ein bißchen in die runden Wangen.

Laß das, Opa.

Laß das, Günter, sagt auch die Oma. Und guck mal, wie schön der Tisch gedeckt ist.

Ja, wirklich schön hat sie das gemacht, die Tochter. Und jetzt werden auch noch die Kuchen auf die Terrasse getragen. Kann mal einer Platz machen? Jochen! Aber klar doch, der Schwiegersohn und Kindesvater eilt, die Zuckerdose beiseite zu stellen. Soll ich mit in die Küche kommen, irgendwie helfen? will die Oma wissen.

Lieber nicht. Bin jetzt auch soweit, nur noch die Sahne.

Ach ja, die Sahne.

Sag mal, Sophie, soll die Oma dir schon mal ein Stück von dieser Torte geben? Was ist das eigentlich? Die Oma piekst mit der Kuchengabel vorsichtig in das Backwerk und leckt ganz vorsichtig an dem winzigen Sahnehäufchen.

Wun-der-bar.

Schwarzwälder Kirsch, sagt der Schwiegersohn. Von Aldi. Mit Original Schwarzwälder Kirschwasser.

Bei uns haben die aber keine Kuchentheke, wundert sich die Oma.

Ist ja auch zum Selbermachen.

Also, so würde ich das nie hinkriegen.

Muß man aber nicht mal backen. Ist idiotensicher!

Oh, das findet die Oma jetzt aber nicht so nett.

Kuchen, ruft das Geburtstagskind und trommelt mit der Gabel auf den Tisch. Aber doch kein Schwarzwälder Kirsch. Man bedenke, das Kirschwasser.

Warte, Sophiechen. Hier steht der Kuchen, den die Mama extra für dich gebacken hat.

Sophiechen hat sich Mäuse-Torte gewünscht. Auch bei Aldi zu haben, jedenfalls die einzelnen Bestandteile der Torte: Mehl, Eier, Butter und sogar die Mäuseohren – und Nase.

Die Mäusetorte ist der Mama wirklich gut gelungen. Guck mal Sophiechen, die Ohren und die Nase von dem Mäuschen kannst du essen, das sind Mini-Dickmanns.

Mäuse auf dem Kuchen sind auf jeden Fall besser als Mäuse im Kuchen, sagt der Opa.

Da hat er zweifellos recht, aber muß er jetzt davon anfangen? Günter, verdirb uns nicht den Appetit.

Weißt du eigentlich, daß die kleinen Chinesen in Kanton Käfer in Zucker einlegen und als Bonbon essen?

Günter, bitte!

Der Opa, pensionierter Oberstudienrat, hebt den Zeigefinger. In Mexico, fährt er unbeirrbar fort, stell dir vor, Sophiechen, da essen sie Kuchen aus Moskitoeiern. Und Maden sollen übrigens auch sehr süß und wohlschmeckend sein.

Günter! Jetzt laß das Kind in Ruhe essen.

Allein, das geht nun nicht mehr. Auch Sophiechen Geburtstagstorte hat sich in Insektenkuchen verwandelt. Drei eifrige Wespen umkreisen das liebevoll dekorierte Gebäck. Eine vierte hat sich bereits niedergelassen und zersäbelt einen Kuchenkrümel.

Sophiechen, Vorsicht, mach den Mund zu.

Mit fest zusammengekniffenem Mund muß das Geburtstagskind zusehen, wie die Mäusetorte langsam in der Sonne zerläuft. Die Schokolade schmilzt und gibt das Innere der Mini-Dickmanns frei. Zum Heulen, wenn nicht der Opa so lustig mit der Kuchenschaufel herumfuchteln würde. Eben hat er fast eine Wespe erwischt. Jetzt hat er die Karaffe mit dem Apfelsaft getroffen, und der süße Most ergießt sich über die Tischdecke. Und die Mama und die Oma schreien und springen herum, als hätten Wespen sie gestochen. Doch noch ein gelungener Geburtstag.

Savarin

für den Teig:
350 g Mehl
1 Päckchen Trockenhefe
1 Tasse lauwarme Milch
4 Eier
40 g Zucker
1 Päckchen Vanillinzucker
1/2 Tl Salz
150 g Butter
Läuterzucker zum Tränken:
500 g Zucker
400 ccm Wasser
3 Schnapsgläser Kirsch- oder Himbeergeist
zum Füllen:
1/4 l Sahne
250 g Erdbeeren oder Himbeeren

Das Mehl mit der Hefe in eine Schüssel geben und vermischen. In einer anderen Schüssel Eier, Zucker, Vanillezucker und Salz schaumig rühren und mit warmer Butter verquirlen. Diese Ei-Zucker-Buttermasse mit der warmen Milch zum Mehl geben und zu einem fast flüssigen Teig verarbeiten. An einem warmen Ort 1/2 Stunde gehen lassen. Dann den Teig zusammenschlagen und in eine gefettete Kranzform füllen. Den Teig noch einmal gehen lassen, bis sich der Umfang verdoppelt hat. Dann bei 200–220° ca. 40 Minuten auf der unteren Schiene backen. Auf ein Kuchengitter stürzen.

Jetzt den Läuterzucker herstellen: Zukker und Wasser in einer Kasserolle so lange kochen, bis die Masse klar wird (ca. 8 Minuten). Den Kuchen wieder in die Kranzform legen und mit dem Zuckerwasser tränken. Der Kuchen muß ganz mit der Flüssigkeit durchzogen sein. Dann den Kuchen auf eine Platte stürzen und mit dem Kirsch- oder Himbeergeist beträufeln.

Die Sahne steif schlagen, zuckern und mit den geputzten, geviertelten Erdbeeren vermischen und in die Mitte des Savarin füllen.

Wert der Zutaten: ca. 7,50 DM.

Bananenkuchen

250 g Butter
250 g Zucker
2 Päckchen Vanillinzucker
4 Eier
3 kleine Bananen
375 g Mehl
1 Päckchen Backpulver
150 g Haselnüsse (gerieben)
100 g herbe Schokolade (geraspelt)

Butter, Zucker, Vanillezucker und Eier schaumig rühren. Die Bananen zerdrücken und unter die Masse geben. Mehl mit dem Backpulver darüber sieben und unterrühren. Zum Schluß die geriebenen Nüsse und die geraspelte Schokolade unterheben. In eine gefettete Kastenform geben, die am besten noch mit Semmelbrösel ausgestreut wurde. Bei 180° auf der unteren Schiebeleiste ca. 60 Minuten backen. Kurz vor Ende der Backzeit mit einer Stricknadel prüfen, ob der Kuchen durchgebacken ist. Man kann den Kuchen mit einem Schokoladenguß überziehen, nachdem er abgekühlt ist. Entweder nimmt man einen fertig gekauften oder stellt selbst einen her, indem man 200 g Puderzucker, 50 g Kakao, 20 g Butter und 4 El heißes Wasser im warmen Wasserbad cremig rührt.

Wert der Zutaten: ca. 7,20 DM.

Brownies

Oberflächlich gesehen ist Aldi ein ganz normaler Discounter. Vielleicht ein bißchen besonders, weil Aldi das Discounter-Konzept als solches erfunden hat, jene unschlagbare Mischung aus Dauerniedrigpreisen, begrenztem Warenangebot, Hausmarken, halbausgepackten Waren und müder Beleuchtung. Das alles haben Pennymarkt, Lidl und Co zwar längst abgeguckt und nachgemacht. Worin sie aber der Mutter aller Billig-Discounter bis heute nicht das Wasser reichen können, das ist die Atmosphäre: Aldi ist international. Wofür sonst Sozialarbeiterinnen jahrelang arbeiten, hier ist es selbstverständlich. Der gesamte Mittelmeerraum ist hier mit seinen Bewohnern vertreten und dann ganz Osteuropa. Friedlich schiebt man Einkaufskarren hintereinander her. Junge Burschen mit schwarzen Rastalocken helfen verschleierten Damen, die Kartons mit dem Apfelsaft in den Karren zu wuchten. Asiatische Ehepaare machen deutsche Rentnerinnen auf Sonderposten aufmerksam und Aussiedlerfamilien debattieren mit polnischen Saisonarbeitern über die Qualität der bunten Jogginghosen für 29 Mark. Und das alles, ohne daß draußen internationale Begegnungsstätte draufsteht. Aldi klappt besser als AWO. Leider gibt es wie überall im Leben Neider und Miesmacher. Im Aldi-Fall nennen diese Menschen die geräumigen haltbaren Tüten mit dem orangeblauen Logo Türkenkoffer. Sehr lustig. Und wie heißt Aldi in Berlin? Poldi!!! Haha. Wir wissen nicht, ob Theo und Karl, die beiden Aldis, über solche Witze lachen können. Jedenfalls hat die Kundentreue ihrer ausländischen Mitbürger sie auf die Idee gebracht, Aldi auch denen zu bringen, die mangels örtlicher Ungebundenheit und fehlender Visa nicht im Aldiland einkaufen können. Wie alle Pioniere, so träumten auch Karl und Theo vom Land der unbegrenzten Möglichkeiten.

Wenn schon in Deutschland jede ihrer Filialen ein kleiner Schmelztiegel der Nationen war, dann mußte ihr Konzept im großen *melting pot* USA ebenfalls ein Hit werden, dachten sich die beiden Brüder. Mit den Hits ist es aber so eine Sache. Man kann sie schlecht planen. Lag es daran, daß die Amerikaner das Aldi-Konzept nicht verstanden, oder daß sie schlicht keine Lust hatten, eigenhändig die Ware aus dem Karton zu kramen? Vielleicht waren sie durch die netten Helfer, die an den Kassen amerikanischer Supermärkte der Kundschaft die Waren in Tüten einpacken, so verweichlicht, daß sie sich einfach nicht in die Aldi-Shops trauten, denn so einen Trainingsrückstand im Tütenpacken, den holt man nicht mal eben in ein paar Tagen auf. Dazu braucht es schon die jahrelange Entwöhnung von jedweder Dienstleistung. Wie gesagt, man weiß es alles nicht so genau. Festzuhalten bleibt nur: die USA sind kein richtiges Aldi-Land geworden. Noch nicht.

Es spricht für Theo und Karl, daß sie sich durch diese Schlappe nicht entmutigen ließen, weiterhin auf Internationalität zu setzen. Wenn es schon mit dem Export des Aldi-Konzepts ins Land der unbegrenzten Möglichkeiten nicht so recht klappt, dann holen wir die USA doch einfach in unsere Läden, mögen sich die Brüder gedacht haben. Und so findet die hardworking Hausfrau in Oer-Erkenschwick, Krefeld, Mönchengladbach und anderswo plötzlich leuchtend rot-blau-weiße Pakkungen in ihrer Aldi-Filiale. Cookie steht darauf. Wahlweise auch Brownies.

Tom und Gitta, er Verkaufsleiter in einer Software-Firma, sie bei der Stadt-Sparkasse in der Kreditabteilung, haben sie jetzt auch entdeckt. Sie, die ihre Levi's 501 und ihre Calvin Klein-Slips nur in New York kaufen und da auch nur bei Macy's, und die beim Dinner in L.A. neulich Arnold Schwarzenegger, den sie übrigens Arnie nennen, am Nebentisch sitzen hatten, pfeifen anerkennend.

Cookies und Brownies, rufen sie so laut. So laut, daß es auch die Nachbarn aus ihrer Reihenhauszeile hören können, die sich gerade von hinten nähern. Hast du das gesehen, wie bei Zarbar's in New York. Tom und Gitta sind völlig aus dem Häuschen. Oder weißt du noch, die kleine Bäckerei auf der Madison Avenue, jubilieren sie. Cool, daß es das jetzt endlich auch hier gibt. Die Nachbarn ziehen grüßend an ihnen vorbei. Jetzt hat die Nachbarsfrau die Kiste mit dem amerikanischen Wunder entdeckt, greift sich zwei Packungen und beäugt sie kritisch. Plätzchen und Schokoplätzchen, sagt sie, wirft ihrem Mann einen fragenden Blick zu und läßt die Tüten in ihren Einkaufswagen fallen. Typisch, sind ja auch noch nie aus diesem Kaff rausgekommen, wissen nichts von New York und L.A., von Macy's und Arnie, von Brownies und Cookies. Wissen überhaupt nicht, welchen Schatz sie da nach Hause tragen dürfen.

Die rechte Freude will sich aber auch bei Tom und Gitta nicht einstellen. Tief im Inneren beginnt auf einmal ein unschöner Gedanke zu nagen: wenn Aldi demnächst hier Hershey-Chocolate-Bars und Cheese-Cake-Backmischungen verkauft? Womöglich auch noch Calvin-Klein-Slips? Kann man sich ja gleich New York sparen und in Oer-Erkenschwick bleiben.

Schokoplätzchen

2 Eiweiß
1 Prise Salz
100 g Zucker
150 g Schokolade (je nach Geschmack Vollmilch oder Zartbitter)
250 g Mandeln (geschält und gerieben)
2 El Kirschwasser
etwas Zucker zum Ausrollen

Das Eiweiß mit dem Salz steif schlagen. Zucker nach und nach zufügen. Die Schokolade in einem Wasserbad vorsichtig auflösen, gut rühren und unter die Eiweißmasse geben. Die gemahlenen Mandeln auf die Eiweiß-Schokoladenmasse geben und vorsichtig unterheben.

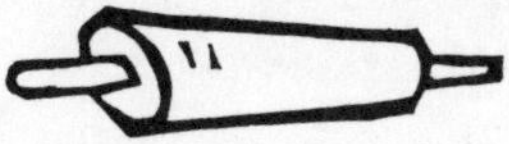

Das Kirschwasser einrühren und das Ganze 1–2 Stunden kalt stellen.

Ein Brett mit Zucker bestreuen und den Teig 8–9 cm dick ausrollen, mit einem Förmchen ausstechen, auf ein mit Backpapier belegtes Blech legen und bei Raumtemperatur einige Stunden trocknen lassen.

Auf der mittleren Schiene des Backofens bei 180° 8–10 Minuten. eher trocknen als backen lassen.

Wert der Zutaten: ca. 5,20 DM.

Haferflockenplätzchen

125 g Butter
180 g Zucker
1 Ei
1/2 Zitrone (abgeriebene Schale, ungespritzt)
200 g Haferflocken (zarte)
1/2 Päckchen Backpulver
20 Mandeln

Butter zerlassen und Zucker, Ei und Zitronenschale zufügen und verrühren. Haferflocken und Backpulver darüber streuen und mit der Masse verkneten. Auf einem gut bemehlten Brett den Teig zu einer Rolle von 3 cm Ø rollen und ca. 1/2

Stunde im Kühlschrank ruhen lassen. In der Zwischenzeit die Mandeln in Wasser aufkochen, abgießen und enthäuten, dann halbieren. Von der Teigrolle Scheiben schneiden, diese auf ein mit Backpapier belegtes Blech setzen und in die Mitte je eine halbe Mandel drücken. Auf der mittleren Schiene bei 180° 10-15 Minuten. Hellgelb backen.

Wert der Zutaten: ca. 2,80 DM.

Hundekuchen

Nicht daß sie geizig wäre. Aber so eine Torte vom Konditor, überschlug Frau Schnadewind, die kostet doch mir nichts, dir nichts 50 Mark. Jedenfalls eine Torte von *dem* Konditor. Der sich übrigens mit C schreibt, weil das irgendwie edler aussieht. Zwei Torten braucht sie, mindestens 100 Mark. Nein, das geht entschieden zu weit. Nicht daß sie sparen müßte. Aber hatte die Firma ihres Gatten nicht in letzter Zeit empfindliche Verluste hinnehmen müssen? Von »Umsatzeinbußen im siebenstelligen Bereich«, hatte Hajo neulich gesprochen. Oder war es nur im sechsstelligen Bereich? Egal, so genau hatte sie da nicht zugehört. Jedenfalls, in schweren Zeiten wie diesen mußten die Frauen tapfer sein und ihren Männern mit eisernem Sparwillen zur Seite stehen. Aber unauffällig.

Brigitte, hatte sie mit fester Stimme gesagt. Am Freitag kommen meine Damen zum Kaffee. Könnten Sie da so eine Torte kaufen, so eine zum Selbermachen. Aus der Packung.

Brigitte hatte genickt. Vom Sparen und Selbermachen verstand sie was. Brigitte kam aus der Ukraine. Architektin von Hause aus. Aber so was von umsichtig. Die hatte den Haushalt im Griff, als hätte sie nie was anderes gemacht. Hatte sogar Hajo schon gemerkt.

Also, Brigitte war zum Aldi gegangen. Frau Schnadewind würde ja nie zu Aldi gehen. Aldi kannte sie nur vom Hörensagen. Aldi war jetzt Kult, hatte ihr neulich die Tochter erzählt. Mutti, warum kaufst du nicht einfach auch bei Aldi? Ja, das Kind hatte Nerven. Aber in den Fingern hatte es ihr dann doch gejuckt. Andererseits, wenn sie jetzt plötzlich bei Aldi kaufen würde, jetzt, wo Hajos Firma Umsatzverluste im sechs- oder vielleicht auch siebenstelligen Bereich machte. Das sähe ja dann doch irgendwie komisch aus. Das mit Aldi würde sie in Angriff nehmen, wenn es wieder aufwärts ging mit der Firma. Hajo nannte so etwas antizyklisches Verhalten.

Brigitte hatte von ihrer Aldi-Expedition zwei Packungen Käse-Sahne mitgebracht. »Torte ohne Backen« stand auf den Packungen. Brigitte hatte das wahnsinnig komisch gefunden. Torte ohne Backen, hatte sie gesagt, wie Kuchen ohne Nase.

Mit Böden und Zutaten, hatte die Packung ebenfalls verheißen.

Da sollen zwei Tortenböden drin sein? hatte Frau Schnadewind mißtrauisch gefragt. Waren aber. Zugegeben, nicht gerade wagenradgroß. Aber sah wagenradgroß auch nicht immer so ein bißchen billig aus? Auf jeden Fall, auch das versprach die Packung, würden aus 290 Gramm Gesamtinhalt am Ende 815 Gramm Torte werden. Und zwar mit »Geling-Garantie«.

Brigitte hatte dann noch die wirklich pfiffige Idee gehabt, zwischen die Böden und die Käsecreme Mandarinenstückchen zu legen. Hatte sie gleich auch von Aldi mitgebracht. Wie gesagt, wirklich so etwas von umsichtig. Keine Viertelstunde hatte die Backaktion, die im eigentlichen Sinn keine war, gedauert. Und dann kaum Abwasch. Sieht man mal davon ab, daß Rocco sich eine der Mandarinendosen geschnappt und umgekippt hatte, was eine kleine Pfütze auf dem Küchenboden zur Folge gehabt hatte. Rocco ist eben ganz verrückt auf Süßes. Brigitte hatte den Golden Retriever mit dem Putzlappen aus der Küche gescheucht.

Also, tierlieb, das steht fest, ist sie nicht gerade. Irgendwie schade, hatte Frau Schnadewind gedacht, als sie wenig später beim Conditor, *dem* Conditor stand und eine Torte bezahlte.

Dick mit Waldfrüchten belegt ist das leuchtend bunte Kunstwerk. Zusammengehalten wird es von einer Papiermanschette, auf der mit feiner Konditorenschrift das Logo des teuren Cafés steht.

Ein schöner Kontrast zu den bleichen Aldi-Torten. Vor allem aber eine Art Alibi. Die Waldfrüchtetorte war unübersehbar teuer. Welche ihrer Freundinnen würde es angesichts der Edel-Torte wagen, Fragen nach der Herkunft der anderen beiden Kuchen zu stellen!

Zu Hause hat Brigitte schon angefangen, den Tisch zu decken. Tassen, Teller und die drei Torten stehen schon. Frau Schnadewind arrangiert die Blumengestecke. Nein, das läßt sie sich nicht nehmen. Dafür hat sie ein Händchen.

Ein schönes Bild, die drei Torten auf der liebevoll gedeckten Kaffeetafel. Zufrieden mit ihrem Werk schließt Frau Schnadewind die Flügeltür. Die ersten Besucherinnen haben geklingelt.

Reizend, ganz reizend, das Sträußchen. Brigitte, stellen Sie die doch mal in die Vase. Ja, und nehmen Sie den Mantel doch auch gleich mit.

Brigitte, jetzt im schwarzen Rock, weißer Bluse und betonhart gestärkter Schürze verschwindet in Richtung Küche. Die Gastgeberin schaut mit vielsagendem Blick ihre beiden Freundinnen an.

Hat uns das Arbeitsamt geschickt. So was von umsichtig.

Wieder schellt es. Das müssen Erika und Gisela sein.

In der Tür erscheinen zwei riesige Cellophanverpackte Blumensträuße. Unten schauen zwei dunkelblaue Röcke und vier Damenbeine hervor. Aber nein, wie schön, jauchzt Frau Schnadewind. Sie macht den beiden Blumensträußen Platz, damit sie eintreten können.

Legt doch ab, bitte. – Brigitte!

So, dann wollen wir mal. Frau Schnadewind führt den kleinen Zug an. Die vier Freundinnen schließen sich an. Gemeinsam schreitet man unter goldgerahmten Jagdszenen ins Wohnzimmer.

Frau Schnadewind schiebt die Flügeltüren beiseite, die das Eß- vom Wohnzimmer trennen, und erstarrt.

Rocco, entfährt es ihr. Da steht das Tier mitten auf dem Tisch, den Kopf tief in der Käsetorte. Frau Schnadewind ringt nach Fassung. Rocco schaut betrübt aus den Resten der Torte hervor. Verlegen leckt er sich die letzten Käsesahnereste von der Nase. Schuldbewußt springt er mit einem Satz vom Tisch, daß das alte Meissner nur so klappert.

Ja, was nun?

Seht ihr? ruft Frau Schnadewind so munter sie kann, das Tier weiß eben, was gut ist. Die Damen lächeln höflich. Was soll man dazu sagen? Am besten nichts, aber die Gastgeberin greift zur Tortenschaufel. Will sie uns jetzt etwa...?

Nur gut, denkt Frau Schnadewind, daß das Tier uns noch eine übrig gelassen hat.

Sehr feiner Käsekuchen

für den Mürbeteig:
100 g Butter oder Margarine
2 El Zucker
1 Eigelb
150 g Mehl
1 Tl Backpulver

Mehl, Backpulver und Zucker in eine flache Backschüssel geben. Das Eigelb in die Mitte in eine Vertiefung geben. Die Butter in kleinen Flöckchen darüber geben und schnell zu einem weichen Teig kneten. Dabei darauf achten, daß der Teig geschmeidig wird, evtl. etwas Wasser hinzufügen. 1 Stunde kühl stellen.

für die Füllung:
600 g Frischkäse (ohne Kräuter!)
100 g Zucker
1 El Zitronensaft
2 El Mehl
1 Tasse Milch
2 Eigelb
5 Päckchen Vanillinzucker

Alle Zutaten zu einer cremigen Masse schlagen. Jetzt den Mürbeteig in einer Springform auf Boden und Rand verteilen, mit einer Gabel mehrfach den Boden einstechen, damit sich keine Blasen bilden. Die Füllung hineingießen und bei 175° auf der mittleren Schiene 50–60 Minuten backen.

für den Guß:
2 Eiweiß
50 g Zucker

Die Eiweiß steif schlagen, dann den Zucker nach und nach einrieseln lassen und so lange schlagen, bis sich der Zucker gelöst hat. Ist der Kuchen gar, wird die Eiweißmasse auf den Kuchen gestrichen und weitere 5 Minuten in den Backofen geschoben, bis der Kuchen zart hellbraun ist.

Wert der Zutaten: etwa 7 DM.

Aldi hat Guildo lieb

Zwei Frauen in einem Aldi-Laden in Köln-Nippes, die eine blond, die andere rot, Jasmin und Nicole, Freundinnen im besten Fan-Alter, ey, guck ma. Dat jibt et doch jar nisch.

Wat?

Ja, da vorne.

Da vorne ist nichts zu sehen. Jedenfalls nichts Besonderes. Nur ein langer Gang, Regale und Kartons rechts und links, ein paar Kunden, die tiefversunken Pakkungsaufschriften lesen. Aldi eben.

Aber die Blondine ist nicht mehr zu halten. Sie rupft an der Lederjacke der Rothaarigen und drängelt.

Jetzt mach doch mal.

Ja, wieso denn.

Sach, biste blind? Guck doch mal: Guildo Horn!

Spinnste oder wat?

Nein, tut sie nicht. Sie hat ihn gesehen, den Meister. Zwar nur von hinten, aber er wars, live, im türkisschimmernden Glückanzug, ja echt denselben, den er im Fernsehen anhatte. Gerade ist er samt Einkaufswagen in den nächsten Gang eingebogen. Und wenn sich Nicole, das Tränentier, ein bißchen beeilen täte, dann könnten sie ihn einholen und um ein Autogramm bitten. Aber Nicole steht da rum wie eine Salzsäule und rührt sich nicht.

Nicole, jetzt mach doch.

Doch Nicole steht da wie angewurzelt, sie glaubt es einfach nicht, kann es nicht glauben. Wieso soll der Guildo Horn beim Aldi kaufen?

Ja, warum wohl nicht. Manchmal ist die Freundin wirklich dumm wie 'ne Stulle, denkt Jasmin. Also erstens: Der Meister wohnt in Köln. Stand doch vorje Woche erst in der Bravo.

Echt?

Echt, ey. Und zweitens, der ist noch nisch so eingebildet wie die ganzen anderen Stars. Leonardo di Caprio zum Beispiel, den kriegste hier nisch zu sehen, das garantier isch dir. Also könnteste jetzt mal voran machen?

Waschpulver, Olivenöl, Shampoo, und serbische Bohnensuppe, alles was die Freundinnen einkaufen wollten, ist jetzt vergessen. Rasselnd legen sich die Einkaufswagen in die Kurve.

Stop, da vorne, da steht er. Ja, er ist es, der Meister. Unverkennbar die langen schütteren Haare, der eiförmige Oberkörper. Süüß! Wie im Fernsehen, haucht Nicole.

Wat kauft der denn da? Jasmin stellt sich auf die Zehenspitzen. Mehl, flüstert sie nach unten.

Echt, Mehl?

Nicole konnte wirklich nerven. Ja, Mehl, weil dem seine Mutter braucht das für Nußecken zu machen.

Nicole ist tief beeindruckt. Die Freundin wußte einfach alles.

In meiner kleinen Welt, beginnt Jasmin plötzlich zu trällern.

Ey, hör auf, der hört disch doch.

Na und, soll er doch ...

In der der eine zum anderen hält
Und in der Deine Tränen nicht lü-ügen
Lernen Träume fliegen
Da wär' ich so gern
Wär den Sternen nicht mehr allzufern
Und von dort schick ich Euch meinen Liebesbeweis
Nußecken und Himbeerei-eis.

Hört er sie nicht, die Backgroundsängerin, oder tut er nur so, als wäre er taub? Ohne sich nur einmal umzudrehen, zieht die Gestalt in dem seltsamen Anzug weiter, greift hier ein Kilo Zucker aus dem Karton, da einen Beutel Haselnüsse.

Die Freundinnen blicken sich enttäuscht an. Los jetzt, Nicole stößt ihrer Freundin den Ellbogen in die Rippen. Du gehst jetzt und fragst nach einem Autogramm.

Nä, Du. Du kannst auch mal was machen.

Nä, Du. Isch hab jesungen.

Den Meister haben sie längst aus den Augen verloren. Erst als sie an der Kasse ankommen, sehen sie ihn wieder. Wie ein ganz gewöhnlicher Aldi-Kunde steht er da und wartet, daß er an die Reihe kommt. Legt einen Stapel Vanillinzukkerpäckchen aufs Band, einen Kasten H-Milch-Kartons, Haselnüsse, Mehl und Zucker. Als wäre es das normalste von der Welt. Und die anderen Kunden? Tun so, als sähen sie nicht, welche Lichtgestalt ihr Aldi beehrt. Bleiben cool, tun so, als wäre es das normalste von der Welt. Guildo bei Aldi. Irgendwo muß schließlich auch ein Star einkaufen dürfen.

Die Schlange hinter dem Meister ist lang und die beiden Freundinnen stehen ganz hinten.

Aber da! Was ist das, da vorne? Das Portemonnaie entgleitet der beringten Hand, fällt zu Boden, Münzen rollen in alle Richtungen. Die anderen Kunden weichen zurück, machen dem Meister Platz, daß er sich bücken kann.

Die Freundinnen erstarren. Stumm blicken sie auf die Gestalt, die jetzt mühsam und mit hochrotem Gesicht wieder auf die Beine kommt. Jasmin ist die Erste, die ihre Fassung wiedergewinnt.

Und isch hab jeglaubt ...

Wär ja auch irjendwie komisch jewesen, sagt Nicole, Guildo Horn in unserm Aldi.

Guildos Nußecken

für den Teig:
300 g Mehl
1 Tl Backpulver
130 g Zucker
1 Päckchen Vanillinzucker
2 Eier
130 g Butter oder Margarine
für den Belag:
7 El Aprikosenmarmelade
100 g Zucker
1/2 Pfund Butter
2 Päckchen Vanillinzucker
4 El Wasser
200 g gehackte Haselnüsse
200 g gehackte Mandeln

Die Zutaten für den Teig zu einem Knetteig verarbeiten, auf dem Tisch ausrollen, auf ein Backblech mit Backpapier legen (Menge Teig reicht für ein Blech) und mit Aprikosenmarmelade bestreichen. In einem Topf auf dem Herd die Butter zerlassen, Zucker, Vanillinzucker und das Wasser hinzugeben und kurz aufkochen. Mandeln und Nüsse unterrühren. Masse auf Teig gleichmäßig verteilen und glattstreichen. Im Backofen bei 180° etwa 30 Minuten backen bis die Masse knusprig-goldbraun ist. Das abgekühlte Gebäck dann erst in Quadrate, und diese diagonal in Dreiecke zerschneiden.

Wert der Zutaten: ca. 8,60 DM.

Haselnußplätzchen

250 g Zucker
3 Eier
1 *Zitrone (geriebene Schale, ungespritzt)*
1 Prise Salz
300 g Haselnüsse
80 g Mehl
50 ganze ungeschälte Haselnüsse

Zucker, Eier, Zitronenschale und Salz werden in einer Schüssel schaumig geschlagen. Die geriebenen Haselnüsse werden mit dem Mehl vermischt und mit der Zucker-Eiermasse verrührt und kühl gestellt. Nach 1–2 Stunden mit einem Teelöffel kleine Portionen vom Teig abstechen und zu Kugeln formen. Diese auf ein mit Backpapier belegtes Blech setzen und mit je 1 Haselnuß verzieren. Dann die Plätzchen auf der mittleren Schiene bei 180° 10–15 Minuten. backen.

Wert der Zutaten: ca. 5,60 DM.

Kannibalen

Zuletzt war es doch nichts mehr. Muß man doch mal ehrlich sagen. Nicht daß sie es ihm gewünscht hätte. Aber der Paul hat doch nur noch gelitten. Ja, und dann ist es besser, man geht. Nehmen Sie sich doch noch ein Stück. Schwungvoll legt uns Frau Kaul ein Stück Kuchen auf den Teller. Lecker Beerdigungskuchen, probieren Sie mal, fährt sie mit vollem Mund fort. Was die Pastorin da gesagt hat, das mit dem ewigen Leben und so. Der Paul war ja schon seit Jahren nicht mehr in der Kirche, aber zuletzt, da hat er doch immer mal wieder davon gesprochen, was danach kommt. Paradies, Eingehen in die Ewigkeit. Was soll man darauf sagen? Ja, Paul, wird schon so sein, hat sie gesagt. Man soll ja Sterbenskranken nicht die letzte Hoffnung nehmen. Übrigens, der Kuchen, den hat sie noch gestern abend selbst gebacken. Wie schmeckt er Ihnen denn? Und das in dem ganzen Gebrassel, das man mit so einer Beerdigung hat. Also, in dem Kuchen, da ist nur gute Butter drin. Der Paul hat den auch immer gern gegessen. Streuselkuchen. Komisch, wenn einer beerdigt wird, heißt er dann plötzlich Beerdigungskuchen. Ihre Enkelin, die da am Tischende sitzt, ja die mit den langen Haaren, hat das auch mal so gesagt, bei irgendeiner Geburtstagsfeier. Gibt es wieder Beerdigungskuchen, hat sie gefragt. Weil sie Streuselkuchen nicht mag. Findet sie zu trocken. Was aber gar nicht stimmt. Gibt doch nichts Saftigeres als einen guten Hefekuchen. Gestern hatte sie erst noch Angst, daß die Hefe nicht aufgeht. Wie hätte sie dann dagestanden? Nicht mal ein anständiger Beerdigungskuchen auf dem Paul seiner Beerdigung. Wo sie schon für mehr kein Geld hat. Und jetzt, wo die Rente auch noch weniger wird. Was das mal gibt.

Sie und der Paul hatten ja nie viel. Aber wenigstens wohnen konnten sie umsonst. Für das Häuschen haben sie sich auch krummgelegt. Und dafür, daß der Sohn was

Ordentliches werden konnte. Hat eine schöne Stelle jetzt, Installateur. Geht ja auch schon auf die fünfzig zu. Wie die Zeit vergeht. Nehmen Sie doch noch ein Stück. Sie können's doch vertragen. Streuselkuchen schmeckt immer noch am besten, wenn er selbstgemacht ist. Weiß man wenigstens, was drin ist. Und auf Beerdigungen kommt Gekaufter sowieso nicht in Frage. Höchstens einer vom Bäcker. Aber das ist zu teuer. Wie gesagt. Als sie jung verheiratet waren, hat der Paul sie manchmal ins Café eingeladen. Schön war das. Aber dann kam der Kleine, und dann ging das nicht mehr. Zu teuer. Und außerdem ist sie ja auch eine gute Hausfrau. Hat der Paul auch immer gesagt. Am besten konnte sie Pflaumenkuchen. Ein Gedicht ist das, ihr Pflaumenkuchen. Aber jetzt ist ja nicht die Zeit dafür. Und außerdem Pflaumenkuchen auf einer Beerdigung. Paßt doch nicht. Komisch irgendwie, solche Bräuche. Die Enkelin studiert irgend sowas, was mit Bräuchen zu tun hat. So ein schweres Wort. Fällt ihr jetzt gerade nicht ein. Ist ja auch egal, die Enkelin jedenfalls hat ihr vorgestern abend erzählt, daß Beerdigungskuchen ein ganz alter Brauch ist. Also Leichenschmaus im allgemeinen. In China zum Beispiel, da kriegen die Toten auf dem Hausaltar Essen serviert, damit sie im Jenseits nicht Hunger leiden müssen. Früher bekamen sie es sogar wie die alten Ägypter mit ins Grab. Und in Madagaskar, also nicht daß sie uns den Appetit verderben will, da gab es in einigen Gegenden noch bis vor kurzem den Brauch, daß die Gerippe der Toten einmal im Jahr aus ihren Gräbern in die Häuser geholt und an die Eßtische gesetzt wurden. Wenn man sich das vorstellt, das Gerippe vom Paul, und dann der Dreck, der durch die ganze Wohnung geschleppt wird …

Also, Oma, ruft die Enkelin vom Tischende.

Ist doch wahr. Und in Indien, referiert Frau Kaul ungerührt weiter, da bringt die Familie auch Essen für die Toten in den

Tempel. Da ißt es dann zum Teil der Priester, der Rest wird in den Fluß geworfen. So eine Verschwendung. Wo die doch so arm sind in Indien.

Oma, jetzt hör doch mal auf.

Aber so ist es doch, genauso hat sie es ihr selbst erzählt. Und von den Vertriebenen, die nach dem Krieg hier in die Straße gezogen sind, jawohl, die Matzeks, die mit dem Sohn, der heute die Praxis von dem alten Doktor Kurth hat, also von denen weiß sie, daß auf dem Land in Polen am Weihnachtsabend ein Extrateller für die Toten auf den Tisch kommt und daß sie aus jeder Schüssel ein Häppchen bekommen. Na ja, so ganz kann sie das nicht verstehen, was das mit ihrem Beerdigungskuchen zu tun hat. Daß der Paul, egal wo er jetzt ist, Hunger kriegen könnte, glaubt sie nicht. Der brachte sowieso zuletzt keinen Bissen mehr runter. Warum sollte er jetzt auf einmal zum Vielfraß werden? Sie dagegen, also da muß es schon ganz hart kommen, bis ihr so ein Stück Kuchen nicht mehr schmeckt. Als Kind hat sie einmal geweint, als die Mutter so ein mit Puderzucker bestreutes Osterlämmchen angeschnitten hat. Und ihren Weckmann zu Sankt Martin, den hat sie auch immer verwahrt, bis er hart war. Wie Kinder so sind. Aber was sie sagen wollte: neulich in der Illustrierten, die ihr die Nachbarin immer rüberbringt, wenn sie sie ausgelesen hat – also, nicht daß sie fies vor was ist, aber das war wirklich geschmacklos. Da hatte so ein russischer Künstler eine riesige Torte gebacken, die aussah wie der tote Lenin, aber haargenau. Aus Biskuit und einem Anzug aus dunkler Schoko-Creme, in Lebensgröße. Na ja, *Lebens*größe ist ja wohl nicht ganz richtig. Es sah jedenfalls aus wie die Leiche von Lenin, die sie immer in diesem Mausoleum am Roten Platz ausgestellt hatten und vor dem die armen Russen immer stundenlang Schlange stehen mußten. Die Kuchenleiche haben sie dann angeschnitten und gegessen. Sollte Kunst sein. Nicht daß sie was übrig hatte für Kommunisten, aber das hat der Lenin nicht verdient. Ist ja wie bei den Menschenfressern, hat sie zu ihrer Enkelin gesagt. Die hat vom Abendmahl und vom Beerdigungskuchen angefangen, daß das alles so eine Art von symbolischer Menschenfresserei ist und daß das dazu da ist, daß die Menschen als Gruppe zusammenhalten. Jedenfalls, sie bleibt dabei. Das mit dem Lenin, das war geschmacklos. Auch wenn die Enkelin noch soviel gelehrte Erklärungen dafür hat. Aber, Sie essen ja gar nichts mehr. Nehmen Sie sich doch noch ein kleines Stück.

Kirschstreuselkuchen

für den Teig:
250 g Mehl
50 g Zucker
50 g Butter
1 Prise Salz
1/2 Päckchen Trockenhefe
1 Eigelb
1/8 l Milch

für den Belag:
1 Glas abgetropfte Kirschen (sauer)

für die Streusel:
100 g Butter
100 g Zucker
200 g Mehl
1 Tl Zimt
1 Prise Salz

Mehl, Zucker, Salz und Trockenhefe vermischen. Mit der in warmer Milch flüssig gemachten Butter und dem Eigelb verrühren und so lange schlagen, bis der Teig Blasen wirft. An einem warmen Ort 1/2–1 Stunde gehen lassen. Der Teig sollte das doppelte Volumen erreichen.

In der Zwischenzeit die Streusel herstellen. Dazu das Mehl mit dem Zucker und der sehr weichen Butter, dem Salz und dem Zimt mit den Händen verkneten, so daß eine bröselige Masse entsteht.

Jetzt den gut aufgegangenen Teig zusammenschlagen, auf ein rundes, gefettetes Kuchenblech verteilen. Die abgetropften Kirschen gleichmäßig daraufgeben und die Streusel darüberbröseln.

Bei 180° auf der Mittelschiene des Backofens ca. 20–30 Minuten hellbraun backen.

Wert der Zutaten: ca. 5,30 DM.

Husarenkrapfen

150 g Butter
80 g Zucker
1 Päckchen Vanillinzucker
2 Eigelb
250 g Weizenmehl
1 Eigelb zum Bestreichen
2–3 El gehackte, geschälte Mandeln zum Bestreuen
2–3 El Zucker zum Bestreuen
Aprikosen- oder Himbeermarmelade zum Füllen

Butter, Zucker und Vanillinzucker werden schaumig gerührt. Das Eigelb wird zuerst unter ständigem Rühren zugegeben, anschließend das Mehl. Die Masse muß gut durchgeknetet und dann ca. 1 Stunde kühl gestellt werden. Dann werden aus dem Teig kleine Kugeln geformt. In die Mitte wird mit dem Stielende eines Kochlöffels ein Loch gedrückt. Die Teigkugeln werden, mit dem verquirlten Eigelb bestrichen und mit den Mandeln und dem Zucker bestreut, auf der mittleren Schiene bei 175-180° goldgelb gebacken und anschließend in den Vertiefungen mit Marmelade gefüllt.

Wert der Zutaten: ca. 3,50 DM.

Speisefolgen

Früher hat es das nicht gegeben. Da setzte man sich manierlich an den Tisch und bekam serviert. Suppe, Hauptgericht, Nachtisch, alles schön der Reihe nach. Wie es sich gehört. Man blieb am Tisch sitzen und konnte sich unterhalten. Heute ist alles anders. Keine ruhige Minute hat man mehr. Alles muß man sich selber holen. Und vorher noch anstehen und drängeln. Buffet, wenn sie das schon hört, vergeht Frau Weber der Appetit. Buffet beim sechzigsten ihres Bruders, bei der silbernen Hochzeit ihres Vetters, Buffet als ihr Neffe sich verlobt hat. Ginge sie am liebsten schon gar nicht mehr hin, wenn sie weiß, daß es wieder Buffet gibt. Aber was will man machen. Eins muß man ja sagen, die Auswahl ist größer. Nützt einem aber auch nichts, wenn man nicht weiß, wie man an die Platten kommen soll, die weiter hinten stehen. Beugt man sich zu weit über den Tisch, um an den Lachs zu kommen, hängt man mit der Bluse in der Tomaten-Mozzarella-Schüssel. Außerdem, wie soll man den Lachs nehmen, wenn man in der einen Hand den Teller hat und in der anderen Messer, Gabel und Serviette.

Was sie am schlimmsten findet: das Gerenne beim kalten Buffet. Kommt sie mit ihren Vorspeisen an den Tisch, steht der Mensch von gegenüber auf, um den Hauptgang zu holen. Und kaum kommt der Tischnachbar mit dem Hauptgericht zurück, muß sie schon wieder los. Und alles wird kalt: Suppe, Braten und Gemüse. Oder sie kommt zu spät und alles ist schon abgegrast, wenn sie endlich an der Reihe ist. Wie gesagt, sie hat nie verstanden, wie das einer schön finden soll. Und Kuchenbuffets, also reine Kuchenbuffets, die sind ganz und gar schrecklich. Hundert Kuchen und an keinen kommt man ran. Und wenn man endlich ran kommt: welchen soll man nehmen? Letztes Jahr, beim Kirchenbasar hat sie ein Stück Linzer Torte gegessen. Schmeckts, hatte Frau Bohne gefragt.

Ja, wunderbar, kann man nicht anders sagen.

Hab *ich* nämlich gebacken.

Dann hatte Frau Weber sich ein Stück Herrentorte geben lassen. Von Frau Plattes, der Frau vom Küster.

War köstlich, doch.

Muß man einen Tag durchziehen lassen, dann ist er noch besser, hatte Frau Plattes gesagt.

Den Krümelkuchen von Frau Mikesch hatte sie nicht mehr geschafft. Was ihr im nachhinein leid tut, andererseits hatte Frau Mikesch sie auch früher nie so richtig gegrüßt.

Im Fernsehen hat sie neulich einen Film übers Mittelalter gesehen. Buffet kannten die auch schon. Nur daß damals alles auf dem Tisch stand, von dem man auch aß. Kuchen und Braten, alles durcheinander. Kam alles zusammen auf den Tisch, oft mehrmals hintereinander, was dann jedesmal ein »Gang« war. Und in Indien und China kommt heute noch alles auf einmal auf den Tisch, Süßes und Herzhaftes. Wie beim Buffet. Aber keiner muß aufstehen. Da sind sie uns einen Schritt vorweg, die Ausländer. Muß man ja auch mal sagen. Sie selbst lädt eigentlich nie jemanden ein. Höchstens mal die Nachbarin von unten. Dann gibts ein Tässchen Kaffee und lecker Rührkuchen mit Mandarinen- und Ananastückchen. Der ist ruckzuck gemacht. Einmal im Jahr backt sie Apfeltorte, an ihrem Geburtstag, weil der in den Herbst fällt, wenn es frische Bosköppe gibt. Bosköppe sind am besten zum Backen. Findet sie jedenfalls. Und hat sich auch noch nie jemand beschwert. Nicht ihr Bruder und nicht ihre Schwägerin, die sie immer einlädt. Auch nicht der Neffe, als er früher noch mitkam. Nächstes Jahr wird sie siebzig. Groß feiern will sie nicht. Vielleicht kommen die Nachbarin, der Bruder und seine Frau, vielleicht sogar der Neffe und seine

Verlobte, mehr aber nicht. Zu sechst sind sie dann. Sechs passen gerade noch alle an den Tisch. Buffet gibt's bei ihr nicht.

Linzer Torte

200 g Zucker
250 g Mandeln (gerieben)
200 g Mehl
1 gehäufter Tl Kakaopulver (Tropengold)
1 Tl Zimt
1 Päckchen Vanillinzucker
1 Msp. gemahlene Nelken
1 Ei
2 cl Kirschwasser
250 g Butter
250 g Himbeermarmelade (Früchtelinchen)
1 Eigelb

Zucker, geriebene Mandeln, Mehl, Kakaopulver, Zimt, Vanillinzucker und das Nelkenpulver in einer flachen Schüssel gut vermischen. In die Mitte eine Mulde drücken, Ei und Kirschwasser hineingeben. Die Butter in Flöckchen auf das Mehlgemisch geben und das Ganze schnell zu einem Teig verkneten. 1 Stunde im Kühlschrank zugedeckt ruhen lassen. Dann zwei Drittel des Teiges ausrollen, den Boden einer Springform damit auslegen und einen 2 cm hohen Rand formen. Den restlichen Teig ausrollen und mit einem Teigrädchen oder Messer in Streifen schneiden. Den Teigboden mit der Himbeermarmelade bestreichen, die Teigstreifen gitterartig darüberlegen und den Rand leicht über die Teigstreifenenden überklappen. Mit verquirltem Eigelb bestreichen.

Den Kuchen dann bei 180° ca. 40–50 Minuten auf mittlerer Schiene goldgelb backen. Eine Weile in der Form abkühlen lassen, dann aus der Form nehmen und auf einem Gitter erkalten lassen.

Wert der Zutaten: ca. 7,70 DM.

Herrentorte

200 g geriebene Haselnüsse
100 g Zucker
100 g Butter oder Margarine
3 Eier getrennt
3 El Tropengold Kakaopulver
1 Becher Sahne
1/2 Päckchen Sahnequick
1/2 Glas Preiselbeeren

Butter und Zucker schaumig rühren. Die 2 Eigelb zugeben und so lange rühren, bis eine homogene Masse entsteht. Die geriebenen Nüsse, Backpulver und das Kakaopulver unterrühren. Die Eiweiße steif schlagen und unter die Masse ziehen. Das

Ganze in eine gefettete Springform füllen und glattstreichen. 30–35 Minuten bei 200° backen.

Auf den abgekühlten Kuchen die Preiselbeeren streichen. Die Sahne mit Sahnequick und etwas Zucker steif schlagen und über die Preiselbeerschicht ziehen.

Wenn der Kuchen einen Tag durchgezogen ist, schmeckt er noch besser.

Wert der Zutaten: ca. 5,40 DM.

Krümelkuchen

200 g Margarine
200 g Zucker
1 Ei
1 Zitrone (abgeriebene Schale, ungespritzt)
500 g Mehl
1 Tl Backpulver
1 Glas Sauerkirschenkonfitüre (450 g)
50 g Mandeln (gerieben)
1/2 Tasse Puderzucker

Die Margarine mit dem Zucker schaumig rühren. Das Ei und die Schale einer ungespritzten Zitrone unterrühren. Das Mehl mit dem Backpulver sieben und einige El davon unter die schaumige Masse rühren. Jetzt den Rest des Mehls darüber schütten und schnell mit den Fingerspitzen zu Krümeln verarbeiten. Die Hälfte des Teigs in eine gefettete Springform füllen und andrücken, die Konfitüre darüberstreichen. Den Rest des Teigs mit den abgezogenen und geriebenen Mandeln mischen und über die Konfitüre krümeln.

Den Kuchen auf der mittleren Schiene bei 180° ca. 30 Minuten backen, bis er goldgelb ist, abkühlen lassen und mit dem Puderzucker besieben.

Wert der Zutaten: ca. 4,70 DM.

Rührkuchen mit Obst auf dem Blech

125 g Butter
150 g Zucker
1 Päckchen Vanillinzucker
1/2 Zitrone (Schale gerieben, ungespritzt)
2 Eier
1 Prise Salz
500 g Mehl
1 Päckchen Backpulver

Butter, Zucker, Vanillinzucker, Salz, Zitronenschale schaumig rühren. Eier einrühren und das Mehl mit dem Backpulver nach und nach unterziehen. Den Teig auf ein gefettetes Blech streichen, den offenen Rand mit einer gefalteten Alufolie abgrenzen. Eingewecktes Obst auf den Teig verteilen (Kirschen, Pfirsiche, Aprikosen, Birnen) und ca. 40 Minuten auf der mittleren Schiene bei 180° backen.

Genauso gut läßt sich aber auch rohes Obst verwenden, z.B. Johannis- oder Heidelbeeren. Dann wird der nicht belegte Teig nur 30–35 Minuten gebacken, aus dem Ofen genommen und mit Aprikosenmarmelade bestrichen und mit gezuckerten Früchten belegt.

Wert der Zutaten: zwischen 4 und 5 DM, je nach Obstsorte.

Brötchenaufstand

Aldi ist kein Laden für Öko-Fundamentalisten. Biomilch und Sojaquark, Müslirie-gel ohne Zucker, Schrumpeläpfel von naturbelassenen Streuobstwiesen, Kohlrabi aus natürlichem Anbau, Cremes ohne Konservierungs- und Duftstoffe sucht man hier vergeblich. Dennoch zieht es immer wieder gesundheitsbewußte Menschen zu Aldi. Wegen des Olivenöls. Das ist um keinen Deut schlechter als das Olivenöl aus dem Bioladen, das von einer italienischen Landkommune stammt und dessen Erlös Frauen-Projekten in der Toskana zugute kommt. Vor allem kostet es nur ein Viertel von dem, was das Landkommunen-Öl kostet. Aber Aldi unterstützt eben auch keine Land-Kommunen und Frauen-Projekte in der Toskana.

Das Pärchen, das an diesem Samstagmorgen seine Holland-Räder am Parkverbotsschild vor der Aldi-Filiale abschließt, fällt uns zunächst nur wegen der großen Dritte-Welt-Einkaufskörbe auf. Aldi-Kunden brauchen keine Dritte-Welt-Körbe. Sie nehmen Kartons. Davon gibt es genug an jeder Kasse. Oder sie bitten um eine Tüte. Kostet 30 Pfennig, ist aber ihr Geld wert, weil sie mindestens fünf Einkaufsgänge durchhält. Unser Pärchen unterscheidet sich auch in der Kleidung von der Stammkundschaft. Aldi-Kunden tragen keine bunten Mützchen und keine T-Shirts, die mit Hanfblättern bedruckt sind. Die beiden jungen Menschen sind auf dem Weg zum Bioladen. Nur schnell reingesprungen wegen des Öls. Aber wo sie schon mal hier sind, gibt es nicht vielleicht doch irgendwo Müsli? *Sie* macht sich auf die Suche. Kommt gleich darauf mit einer Cellophantüte zurück. Ein Kilo Müsli, zwar nicht aus biologischem Anbau, aber wenigstens ohne Zucker-Zusätze. Kann man also durchaus vertreten. Aber was ist das?

Brötchen zum Aufbacken, sagt er betont lässig. Für morgen früh. Sie schaut in den Einkaufswagen, den *er* hüten sollte, und in dem sich plötzlich die Packungen mit dem blassen Gebäck stapeln.

Ist ja e-kel-haft. Total ungesund. Wer soll das essen?

Ich, sagt er mit fester Stimme. Ab und zu finde ich das echt okay.

Beleidigt wirft sie ihre Müslitüte auf die Brötchen.

Pass' doch auf, das zerbröselt doch alles.

Ja, und wenn schon, so'n ungesundes Zeug. *Sie* ist *hardlinerin*, wir haben es gleich gemerkt. Dagegen kommt *er* mit Argumenten nicht an. Wobei wir zugeben müssen, daß sein Einwurf, er sei doch kein Huhn, das nur vom Körnerpicken glücklich werde, nicht besonders überzeugend wirkt. Haben nicht unsere Vorfahren zehntausend Jahre lang von Körnern gelebt, die sie rösteten oder mit Wasser vermischt als Brei aßen? Woher hatten die Germanen ihre sagenhaften Kräfte, wenn nicht vom Haferbrei, den sie morgens, mittags und abends verschlangen? Hat sich da etwa einer beschwert? Geht also doch. Jedenfalls solange es weder Backöfen noch Mühlen gegeben hatte und ein Ägypter nicht durch Zufall eines Tages entdeckt hatte, daß die Wasser-Mehl-Pampe, die er in seiner schmuddeligen Hütte im Schatten der neu erbauten Pyramiden vergessen hatte, über Nacht gegoren und zu einem dicken, luftigen Laib aufgegangen war.

Das was wir nun erleben, ist ein Brotaufstand im Kleinen. Ein Brötchenaufstand. Und wie bei allen Brotaufständen geht es in Wirklichkeit um viel Grundsätzlicheres.

Du, mit deinem Öko-Tick, mault er. Immer nur Müsli, immer nur Rohkost. Ich habe in letzter Zeit auch mal Lust auf was Warmes.

Sie folgt seinen begehrlichen Blicken, die er in den Karton mit dem Bauchspeck geworfen hat. Aldi, dämmert ihr, hat einen schlechten Einfluß auf ihren Gefährten.

Was meinst du mit was Warmem, fragt sie lauernd.

Ihm ist jetzt alles egal. Trotzig deutet er auf die Konserven, bei denen sie jetzt angekommen sind. Bohneneintopf zum Beispiel. Tomatensuppe, Tomatentorte. Mit gebratenem Speck und Knoblauch. Oder Lauchtorte, Zwiebeltorte. Hat meine Mutter früher oft gemacht ... Jetzt reicht es ihr aber. Dann geh doch zurück zu deiner Mutti, faucht sie ihn an. Das saß. Nein, so sei es nicht gemeint. Das mit der bewußten Ernährung, da stehe er ja auch voll hinter, echt. Nur manchmal eben, dann überkomme es ihn halt.

Auch sie lenkt jetzt ein. Mit den Brötchen, das geht schon in Ordnung. Wenn du willst, machen wir auch Tomatentorte. Die Dosentomaten, die sie hier haben, sollen ja auch ganz gut sein. Und das Vollkornmehl holen wir im Bioladen. Soviel Öko muß sein.

Quiche Lorraine

150 g Mehl
70 g Butter
1/2 Tl Salz
1 Tl Essig
3 El Wasser
200 g Sahne
125 g geriebener Käse
1 Ei
100 g gewürfelter Schinken oder magerer Räucherspeck
Salz
Pfeffer

Das Mehl mit dem Salz und der in Flöckchen geschnittenen Butter bestreuen. In eine Mulde das mit Essig vermischte Wasser geben, alles schnell mit den Händen zu einem Mürbeteig verkneten und 1/2 Stunde kalt stellen.

In einer Schüssel das Ei mit der Sahne verquirlen, Salz, Pfeffer, Schinken und Käse darunter mischen.

Den Teig auf dem Boden und Rand einer gefetteten Springform verteilen. Mehrfach mit einer Gabel einstechen. Die Ei-Käse-Schinkenmasse in die Form gießen und bei 200° auf der mittleren Schiene 40–50 Minuten backen. Die Quiche ist fertig, wenn die Füllung fest geworden ist.

Wert der Zutaten: ca. 4,60 DM.

Gugelhupf mit Nüssen und Speck

500 g Mehl
150 g Butter
1 Päckchen Hefe
200 g Milch
2 Eier
2 Tl Salz
100 g Walnüsse gehackt
150 g Speck mager, geräuchert und ausgelassen

Mehl mit der Hefe vermischen. Butter in der Milch schmelzen, abkühlen lassen. Milchbutter und Salz mit dem Mehl so lange rühren, bis der Teig Blasen wirft. 1/2-1 Stunde an einem warmen Ort gehen lassen. In der Zwischenzeit eine Gugelhupfform gut ausbuttern, Walnüsse hakken und mageren Speck (kann auch Schinken oder Schinkenspeck sein) in Würfel schneiden, auslassen und abkühlen lassen. Nachdem der Teig gegangen ist, wird er nochmals zusammengeschlagen und kräftig gerührt, die Walnüsse und der Speck werden hinzugegeben und das Ganze in die Gugelhupfform gefüllt. Noch einmal in der Form 15 Minuten gehen lassen und bei 190° auf der unteren Schiene des Backofens backen. Nach 20 Minuten Pergamentpapier auf den Kuchen legen, damit die Oberseite nicht verbrennt.

Wert der Zutaten: ca. 5,30 DM.

Lauchtorte

150 g Mehl
75 g Butter
1/2 Tl Salz
1 Tl Essig
3 El Wasser
2 Stangen Lauch
200 g Sahne
2 Eier
200 g geriebener Emmentaler
1 Prise Muskat
Salz
Pfeffer
1 El Mehl

Das Mehl mit der in Flöckchen geschnittenen Butter und dem Salz bestreuen. In eine Mulde das mit dem Essig vermischte Wasser geben und schnell mit den Händen zu einem Mürbeteig verkneten. 1/2-1 Stunde kalt stellen.

Das weiße Stück vom Lauch in feine Ringe schneiden, waschen und mit

etwas Öl in einer Pfanne leicht dünsten. Die Sahne wird mit den Eiern verqirlt. Der geriebene Käse wird mit dem Mehl, dem Salz, Pfeffer und Muskat vermischt. Den Teig dünn auf Boden und Rand einer gefetteten Springform auslegen, mehrfach mit einer Gabel einstechen und ca. 10 Minuten auf der mittleren Schiene des Backofens bei 180° vorbacken.

Jetzt werden die Lauchringe auf dem Boden verteilt, der Käse darüber gestreut und mit der Eiersahne übergossen. Die Torte kommt wieder in den Backofen und wird ca. weitere 40 Minuten gebacken. Sie ist gar, wenn sie hellbraun und die Eiersahne gestockt ist.

Wert der Zutaten: ca. 5,50 DM.

Zwiebelkuchen

für den Teig:
300 g Mehl
1 Päckchen Trockenhefe
1 Tl Salz
1 Tasse Milch oder Wasser
40 g Butter

Das Mehl mit dem Salz und der Trockenhefe mischen und mit der in der Milch geschmolzenen und wieder abgekühlten Butter zu einem Teig rühren. Den Teig an einem warmen Ort 1/2-1 Stunde gehen lassen, bis sich das Volumen verdoppelt hat.

für den Belag:
1 kg Zwiebeln, in feine Scheiben geschnitten
100 g Räucherspeck, mager und gewürfelt
1 Tl Kümmel
3 Eier
1 Tasse Sahne oder Schmand
1/2 Tl Salz

Ist der Hefeteig gut aufgegangen, wird er nochmal kräftig zusammengerührt und dann auf ein gefettetes Backblech ausgerollt und mit einer Gabel mehrfach eingestochen.

Die Zwiebeln mit etwas Fett glasig dünsten und auf dem Teig gleichmäßig verteilen. Darüber die Speckwürfel und den Kümmel streuen. Die Eier mit dem Salz und der Sahne verquirlen und über die Zwiebeln und den Speck gießen.

Den Kuchen bei 200° 30 Minuten auf der mittleren Schiene backen bis er goldgelb ist und sofort heiß essen.

Wert der Zutaten: ca. 4,20 DM.

Erotik

Über allen Hochöfen ist Ruhe, in allen Fußgängerzonen sieht man kaum eine Menschenseele, die Frösche schweigen in den Gartenteichen. Es schweigen auch die Menschen. Sie ruhen an diesem sommerlich warmen Sonntagnachmittag auf den Terrassen ihrer Eigenheime von den Mühen der vergangenen Woche aus. Sie blicken den Tauben nach, die in hellen Schwärmen den Himmel über der Ruhr durchfliegen, und warten darauf, daß es endlich Zeit für Kaffee ist.

Herr B. ist über den Vorbereitungen für eine Vorlesung eingeschlafen. Was er seinen Studenten nächste Woche erzählen will, steht auf kleinen weißen Zetteln und wird gerade von einem Windhauch sanft verweht und in den Nachbarsgarten getragen. Frau B. steht in der Küche und legt letzte Hand an ihre Weincreme-Torte. Leider ist ihr der Mürbeteigboden durchgebrochen, just als sie die Torte schon halb auf die dafür vorgesehene Glasplatte bugsiert hatte. Ein kleiner Kunstfehler, wie sie zugeben muß. Frau B., deren Beruf als Ärztin eine gewisse Gelassenheit im Umgang mit Unfällen aller Art mit sich gebracht hat, drückt die Ränder des Bruchs ein wenig zusammen und schaut noch einmal prüfend auf ihr Werk. Die innere Verletzung ist unter der Weincreme kaum noch zu sehen. Na also.

Die Gäste, Freunde aus Studientagen, machen einen Bogen um das Haus und fallen von hinten in den Garten ein. Sie scheuchen Herrn B. aus seinen Träumen auf und dringen in die Küche ein. Was machen sie da mit Frau B's Weincremetorte? Sie reißen sie, wild entschlossen zu helfen, an sich, enteilen damit in den Garten. Aufpassen an der Treppe, ruft Frau B. ... Doch da stolpern die Gäste schon, die Torte gerät in gefährliche Schieflage und droht von der Platte zu gleiten. Herr B., der seinen Aufzeichnungen hinterherjagt, ist mit einem Sprung zur Stelle, bringt im letzten Moment die verrutschte Torte wieder in stabile Rückenlage.

Hoffentlich ist der Boden jetzt nicht durchgebrochen, rufen die Gäste. Etwas betreten schauen sie auf den Spalt, der die rechte Tortenhälfte deutlich sichtbar von der linken trennt.

Frau B. schiebt die Ränder ein wenig zusammen, darin hat sie jetzt schon Übung.

Irre gut schmeckt sie, die Torte, loben die Gäste. *Sie* würden so was *nie* hinkriegen. Im ganzen Leben nicht. Zumindest der weiblichen Freundespaarhälfte glaubt Frau B. sofort. Hat mit Haushalt nichts im Sinn, läßt seit Jahr und Tag den Mann kochen, obwohl der doch wahrhaftig genug um die Ohren hat mit seinem Beruf.

Aber macht doch nichts, sagt sie höflich, sie würde ja auch nicht, wenn es nicht so faszinierend wäre.

Faszinierend?

Ja, faszinierend, sagt Frau B. ... Ich finde das einfach prima, wie man mit wenigen Grundzutaten so etwas Schmackhaftes wie einen Birnenkuchen hinkriegt. Wenn man bedenkt: Mehl, Zucker, ein paar Eier, Butter – und dann kommt dabei was ganz und gar Neues raus. Außerdem ist es auch noch praktisch. Kann ich alles auf einmal kaufen, wenn ich sowieso einmal die Woche beim Aldi Großeinkauf mache. Verderben auch nicht so schnell, die Zutaten, wenn man sie alle einzeln verwahrt. Werden ja erst als Kuchen zu einem wirklichen Lebensmittel.

Was redest du denn da? Diese Art von Stoffwechseltheorie ist Herrn B. viel zu simpel. Wo bleibt denn da der tiefere Sinn? Man backt, sagt Herr B., weil Gebäck das Einzige ist, was man nach der industriellen Revolution noch mit den eigenen Händen herstellen kann.

Ich backe, weil ich es einfach irre finde, wie ich aus einer flüssigen Masse was Festes machen kann, beharrt Frau B.. Vor allem bei Biskuitteig finde ich's toll, wie ...

Backen hat außerdem was mit Erotik zu tun. Das Kneten ...

Frau B. runzelt die Stirn. Nicht jeder Teig wird geknetet. So mancher wird auch nur gerührt. Das will sie nur mal so am Rande bemerken.

Die Frau, die in der Küche steht und backt, ist psychoanalytisch betrachtet jedenfalls was ganz anderes als die Frau, die in der Küche steht und kocht, fährt der Philosophen-Gatte fort. Kochen ist Alltag, reine Lebensnotwendigkeit, deshalb nicht aufgeladen mit Bedeutung. Backen ist Feiertag, hat was mit Liebe und Zuwendung zu tun. Denken wir mal an frühkindliche Erinnerungen ...

Aber die meisten Menschen werfen beides in einen Topf, unterbricht Frau B. den gedanklichen Höhenflug ihres Angetrauten.

Was?

Backen und Kochen. Frau B. seufzt. Was ihr viel wichtiger ist als die Erotik des Backens: sie findet es gar nicht gut, daß es bei Aldi keine frische Hefe gibt. Jedenfalls nicht, daß sie wüßte. Alles kauft sie bei Aldi, so gut wie alles jedenfalls. Nur eben das eine, das sucht und sucht sie, und das findet sie nicht und Trockenhefe kommt ihr nicht in den Kuchen.

Es heißt jedenfalls auch »Backe, backe Kuchen, die Mutter hat gerufen« setzt Herr B. seinen Vortrag fort. Mutter und Backen, das gehört also zusammen. Auf das Thema Hefe will er an dieser Stelle nicht eingehen. Nebenbei, wenn er was bei Aldi vermißt, dann daß es kein Benzin gibt. 5 Liter Bleifrei im Tetrapack. Wär doch was: absolut alles, was man braucht, bei Aldi kriegen. Aldi – ein Universum aus Produkten, ein Abbild des Menschen in seinen Produkten.

Es heißt »der Bäcker hat gerufen«, unterbricht Frau B. den abschweifenden Gedankengang ihres Gatten.

Aber »Mutter« klingt irgendwie überzeugender. Nun gut, muß man eben die Theorie ändern. Interessant, dieses Kinderlied. Auf jeden Fall ist es doch die Mutter, die singt. Warum singt sie, daß der Bäcker ruft? Warum zitiert sie den Mann? Muß er mal genau analysieren. Aber für heute hat er genug nachgedacht. Ein einziges Stück haben sie ihm übrig gelassen. Und reden noch immer über Trockenhefe.

Zarte Biskuitroulade

6 Eigelb
125 g Zucker
70 g Mehl
6 Eiweiß
1 Glas Konfitüre
Backpapier
Puderzucker zum Bestreuen

Eigelb und Zucker schaumig schlagen, so daß eine weiße Masse entsteht. Die Eiweiße mit einer Prise Salz sehr steif schlagen und mit dem gesiebten Mehl unter die Eigelbmasse heben. Ein Backblech mit Backpapier belegen und an der offenen Blechseite zu einem Rand falten. Jetzt den Teig darauf verteilen und bei 200° auf der mittleren Schiene 20–25 Minuten hell gelb backen. Dann sofort auf ein mit Zucker bestreutes Papier stürzen, das Backpapier vorsichtig abziehen und die Biskuitplatte im gezuckerten Papier fest aufrollen und erkalten lassen. Dann die Biskuitrolle entrollen und die Platte mit der Konfitüre bestreichen. Jetzt ohne Papier wieder aufrollen und mit Puderzucker bestäuben.

Wert der Zutaten: ca. 3,80 DM.

Hefeapfelkuchen

für den Teig:
500 g Mehl
50 g Butter
50 g Zucker
1 Ei
1 Päckchen Trockenhefe
1/4 l Milch
1 Prise Salz

für den Belag:
1 1/2 kg Äpfel
100 g Rosinen
100 g Zucker
1 gestrichenen El Zimt
1 Zitrone (Saft)
30 g zerlassene Butter

Das Mehl mit der Trockenhefe, der Prise Salz und dem Zucker vermischen. Die Butter in der Milch auflösen. Das Ei und die lauwarme Milchbutter zu dem Mehlgemisch geben, gut verrühren und so lange schlagen, bis der Teig Blasen wirft. Dann an einem warmen Ort so lange gehen lassen, bis der Teig das doppelte Volumen hat. Das dauert etwa 1/2 bis 1 Stunde. Dann den Teig nochmals kräftig schlagen und ein gefettetes Blech damit auslegen.

Während der Teig geht, werden die Äpfel geschält und auf einer sehr groben Raspel gerieben. Zitronensaft über die Äpfel geben (damit sie nicht braun werden). Die gewaschenen Rosinen und der mit Zimt vermischte Zucker werden unter die geraspelten Äpfel gerührt.

Die zerlassene Butter auf dem ausgelegten Teig verteilen, die Apfel-Rosinenmasse darüberstreichen. Das Blech auf die mittlere Schiene des Backofens schieben und bei 200° ca. 20 bis 30 Minuten backen.

Wert der Zutaten: ca. 7,50 DM.

Lebensmittel

Darf man dergleichen tun? Nicht daß sie grundsätzlich etwas dagegen hätte, sagt die junge Frau mit dem selbstbemalten Seidenschal, aber sie wollte die Frage doch mal in den Raum stellen. Da steht sie nun und zwei Dutzend Väter und Mütter, die auf den viel zu kleinen Stühlchen ihrer Kinder den Elternabend absitzen, versinken in tiefes Grübeln. Na ja, sagt einer und versenkt sich wieder in sein Schweigen.

Um was geht es? Was läßt die eben noch so lebhafte Runde auf einmal verstummen? Gerade hatte man noch über das bevorstehende Schulfest gesprochen. Wer backt, wer grillt, räumt auf, und wer besorgt die Getränke? Dasselbe wie jedes Jahr. Und dann hatte Peter Nieves, den sie zu Hause Pit nennen, noch eine besonders gute Idee. Die Negerkußwurfmaschine, die hatte er nach Plänen seines Schwagers gebaut, dieses Ding also war bei den Kindergeburtstagen im ganzen Mietshaus immer *der* Brüller. Die Negerkußwurfmaschine also, die könnte er mitbringen, einen Karton Negerküsse beim Aldi kaufen und dann ginge die Post ab. Man hatte zustimmend gemurmelt, nach dem Funktionsprinzip der Maschine gefragt und erfahren, daß die Holzkonstruktion vermittels eines Holzpendels arbeitete. Dieses Holzpendel wurde von zwei kräftigen Gummis in der Schräge gehalten und auf halber Höhe mit einem Negerkuß beladen. Warf man aus einiger Entfernung einen Tennisball auf das Holzpendel, schnappte es aus der Gummihalterung und katapultierte den Negerkuß in Richtung Ballwerfer. Saueinfaches Prinzip, hatte Peter Nieves stolz erklärt. Und die Pänz haben ein Mordsspaß, wenn ihnen dann die Dinger am Hemd kleben, weil das klappt in den seltensten Fällen, daß man die kriegt, ohne daß sie zerplatzen, die Negerküsse. So weit, so einverstanden. Doch dann war die Frage in den Raum gelangt. Darf man überhaupt mit Lebensmitteln werfen? Ja, darf man Lebensmittel, die *so* heißen, heutzutage überhaupt in Verkehr bringen? Die Elternversammlung schweigt. Dickmanns, sagt endlich der Klassenpflegschaftsvorsitzende, heißen die nicht inzwischen Dickmanns? Genau, so heißen sie, so darf man sie unbesorgt nennen. Über Dickmanns darf man reden. Die Erleichterung ist groß. Auch wenn man sich ansonsten einig ist, daß man Werbung furchtbar findet und besonders Werbung für Süßigkeiten, in diesem Fall, das muß man sagen, hat sie auch ihr Gutes. Hat aus Negerküssen Dickmanns gemacht und den Wortschatz von Millionen Kindern von unterschwelligem Rassismus gereinigt. Sind nur noch die Alten, die sich an das neue Wort nicht gewöhnen können.

Mami, krieg ich Dickmanns?

Wenn du soviel Negerküsse ißt, kriegst du schlechte Zähne, Lukas.

Wobei wir wieder bei der Frage wären: darf man mit Lebensmitteln werfen? Bei Aldi stehen die Dinger in Massen rum, gehn weg wie nichts. Was den Verdacht nahelegt, daß die Frage, ob man nun werfen dürfe oder nicht, außerhalb des engen Klassenzimmers längst beantwortet ist. So viele Dickmanns können gar nicht verzehrt werden. Gut und schön, ein halbes Dutzend der atommeilerförmigen Gebilde passen locker in den Durchschnittsmagen eines minderjährigen Süßigkeitenjunkies. Zwischen zwei Semmelhälften zerquetscht heißt so ein Dickmann Fortunabrötchen. Davon schafft ein Kind etwa zwei bis drei. Weiterhin denke man an all die Mini-Dickmanns, die Geburtstagstorten schmücken. Aber der große Rest, den die Aldi-Leute jeden Tag auftürmen und der abends schon wieder weg ist? Wo bleibt der? Manchmal sieht man einen zerplatzten Dickmann an der Scheibe von Bushaltestellen. Sehr unappetitlich. Ist dann nichts mehr mit Anlehnen. Oder man beobachtet böse Kinder, die sich damit amüsieren, den Dickmann von unten aufzubohren und mit Tabasco, Pfeffer und Löwensenf zu präparieren. Auch schlimm, so etwas.

Wieder ist es der Klassenpflegschaftsvorsitzende, der die rettende Idee hat: vielleicht sind das ja gar keine Lebensmittel? Ein taktisch schlauer Zug, erkennt die Mutter mit dem Seidenschal blitzschnell. Sollte sie jetzt etwa das Gegenteil behaupten? Sie, die Organisatorin des gesunden Pausenfrühstücks? Vor zehn Minuten erst hatte sie sich für die zuckerfreie Nußtorte in die Kuchenliste eingetragen. Jetzt saß sie in der Falle. Also gut, dann sorgen wir wenigstens dafür, daß jedes Kind nur einmal dran kommt. Damit sie sich nicht alle den Magen verderben.

Was die immer alles kompliziert machen, die Leute hier. Peter Nieves schüttelt den Kopf. Seine Tochter, die verdirbt sich doch an ein paar Negerküssen nicht den Magen.

Walnußtorte

für den Teig:
160 g Butter
150 g Zucker
1 Prise Salz
1 Ei
300 g Mehl

für die Füllung:
20 g Butter
300 g Zucker
250 g gehackte Walnüsse
200 g Sahne
1 Eigelb

Die weiche Butter mit dem Zucker, dem Salz und dem Ei verrühren. Das Mehl darübersieben und alles zu einem Mürbeteig verkneten. Den Teig 1 Stunde kühl stellen. Zwei Drittel des Teiges dünn ausrollen und eine Obsttortenform (Ø 24 cm) damit auslegen, den Rand etwas überstehen lassen.

Für die Füllung die Butter in einem Topf zerlassen, den Zucker zufügen und unter Rühren karamellisieren lassen. Die Walnüsse und die Sahne zugeben, alles aufkochen und abkühlen lassen. Dann die Füllung auf den Tortenboden streichen. Aus dem restlichen Teig einen Deckel von passender Größe ausrollen, auf die Torte legen, den Rand des Teigbodens über den Deckel klappen, festdrücken und mit dem Eigelb bestreichen. Mit einer Gabel mehrfach einstechen und bei 180°–200° 30–40 Minuten auf der mittleren Schiene backen.

Wert der Zutaten: etwa 7 DM.

Reistorte

für den Teig:
250 g Mehl
125 g Butter
70 g Zucker
1 Eigelb

für die Füllung:
150 g Milchreis
3/4 l Milch
1 Päckchen Vanillinzucker
1 Prise Salz
40 g Butter
2 Eigelb
100 g Zucker
3 Eiweiß
1/2 Fläschchen Bittermandelöl
1/2 Tasse Puderzucker zum Bestreuen

Mehl und Zucker vermischen und die Butter in Flöckchen darüber verteilen. 1 Eigelb in die Mitte geben und das Ganze mit den Händen schnell zu einem Mürbeteig verkneten. 1 Stunde kühl stellen.

Für die Füllung den gewaschenen Reis mit der Milch, dem Salz und dem Vanillinzucker körnig weich dünsten (ca. 20 Minuten). Aus Butter, Eigelb und Zucker eine dickschäumige Masse rühren, das Bittermandelaroma zufügen und den abgekühlten Reis darunter mischen. Das Eiweiß zu steifem Schnee schlagen und unter die Reismasse ziehen. Den Teig ausrollen und eine gut gefettete Springform damit auslegen (Rand 2 cm hoch). 20–25 Minuten bei 190° auf der mittleren Schiene goldgelb backen.

Der Tortenboden wird mit der Reismasse gefüllt und nochmals für 30 Minuten bei 175° in den Backofen geschoben. Wenn er schön überbräunt ist, ist er fertig. Abkühlen lassen und mit Puderzucker bestreuen.

Wert der Zutaten: ca. 4 DM.

Flammekueche mit Trauben und Nüssen

100 g Walnußkerne
200 g Mehl
20 g Hefe oder
1/2 Päckchen Trockenhefe
2 El Färber Distelöl
Salz
200 g Trauben (grüne und blaue)
50 g rohen Schinken
3 Eigelb
200 g Schmand
2 Tl frische Thymianblätter
schwarzer Pfeffer, grob gemahlen

Das Mehl in eine Schüssel schütten und mit der Hefe vermischen. Färber Distelöl, etwas Wasser (1/8 l) und Salz zu dem Teig geben, alles gut verkneten und zu einer Kugel formen. Ca. 1/2–1 Stunde gehen lassen, bis sich das Teigvolumen etwa verdoppelt hat. Trauben waschen, halbieren und die Kerne entfernen, Walnüsse grob hacken, rohen Schinken in feine Streifen schneiden. Eigelb mit Schmand und Salz verrühren. Den Backofen auf 200° vorheizen.

Den Teig kurz zusammenkneten, dünn ausgerollt auf das Blech legen. Die Ränder sollen über das Backblech lappen. Die Eigelbmischung, Trauben, Schinken, Nüsse und Thymian gleichmäßig auf den Teig verteilen, mit Pfeffer bestreuen und die überlappenden Teigränder nach innen klappen. Die Teigränder mit Eigelb bepinseln und den Flammekueche auf der unteren Schiene 20 Minuten backen. Das Blech dann weitere 5 Minuten direkt auf den Backofenboden stellen. Der Flammekueche soll warm serviert werden.

Wert der Zutaten: ca. 4,80 DM.

Hier nicht

Es ist wirklich merkwürdig. Immer wieder treffen wir unter Aldis Kunden solche, die hier eigentlich fehl am Platze sind. Nicht daß wir sie wegekeln wollten. Sie selbst finden, daß sie hier nichts zu suchen haben. Meist sind es sorgsam gekleidete und designer-bebrillte Singles männlichen Geschlechts, die sich so offensichtlich verlaufen haben. Eigentlich, sagen diese Menschen, gehen sie nie zu Aldi. Im Grunde gehen sie noch nicht mal in Supermärkte. Das ganze abgepackte Zeug, das es da gibt: Horror, der absolute Horror. Sie selbst kaufen nur frisch. Sie sind Hobbyköche. Ihr Landbrot, das holen sie bei einem Bauern am Niederrhein, den Wein vom Winzer und das Gemüse vom Ökolandwirt. Dann haben sie da noch so eine Adresse in der Eifel, da gibts Ziegen und Lämmer. Kein Weg ist diesen Gourmets zu weit: Hauptsache, Qualität und Frische.

Bei Aldi gibt es eigentlich nichts, was solche Menschen kaufen würden. Normalerweise. Aber manchmal muß es auf die Schnelle gehen. Und bei so einigen Dingen kommt es nun wirklich nicht drauf an. Die gibt's bei Feinkost Käfer, bei Dallmeyer, Münstermann und im Bioladen nicht besser als bei Aldi. Nur teurer.

Backzutaten zum Beispiel, erklärt so ein schöpferischer Mensch. Ist das Ei einmal im Kuchen gelandet, schmeckt kein Mensch mehr raus, ob es von einem Ökohuhn gelegt wurde. Dasselbe mit der Butter. Der Teig macht alles gleich. Das kann er als Hobbykoch beurteilen. Deshalb auch Aldi. Er hat sich für heute Käsekuchen vorgenommen. Nicht so ein gullydeckeldickes Teil, mit dem deutsche Hausfrauen die Mäuler ihrer Lieben verstopfen. Er wird eine kleine leichte Käsesahnetorte backen. Eine Art Tarte, nichts für die sonntägliche Kaffeetafel, sondern ein Dessert. Was völlig anderes also. Fast schon kein Kuchen mehr. Das muß er übrigens auch mal sagen: er als Hobbykoch backt sonst nicht, weil Backen findet er stupide. Ein Ei zuviel und schon pappt der Teig. Unkreativ, so etwas.

Wo steht jetzt das Mehl? will der verirrte Kunde wissen.

Bei Aldi gibts kein Schild, auf dem »Backen« steht. Bei Aldi steht alles verstreut im ganzen Laden. Das wiederum gefällt dem Aldi-Neuling. In anderen Supermärkten gibt es Backregale. Da steht alles vorsortiert in Reih und Glied: Zucker, Mehl, Mandeln, Backpulver, Vanillinzucker und Rumaroma. So daß die Kundschaft einfach einpacken kann. Warum das hier anders ist, kann man nur raten. Theo und Karl werden sich was dabei gedacht haben, warum sie den Zucker nicht neben das Mehl, sondern neben den Sonderposten Sweat-Shirts plaziert haben. Aber sie verraten es nicht. Ihr Geheimnis bleibt es auch, warum das Klopapier neben der Milch steht und der Melissengeist neben dem Waschpulver. Festzuhalten bleibt: es funktioniert, Grillkohle neben Aprikosen und Wein im Zweierpack mit Katzenfutter gehen weg wie warme Semmeln. Da kann die Konkurrenz nur staunen, kann ehrfürchtig vom genialen Instinkt der Aldis raunen und ihrerseits versuchen, die Schokocrossies neben das Hackfleisch zu legen und die haltbare Milch zum Shampoo. Die Kundschaft rennt mit gehetztem Blick durchs Geschäft und meckert. Wo die jetzt wieder den Ketchup versteckt haben?

Und wo, verdammt noch mal, ist das Rumaroma? Nein, auch bei Aldi gibt es Kunden, die suchen und die sich darüber ärgern. Jener Mitmensch, der sich da mit seinem Wagen als Geisterfahrer gegen den Strom der Stammkundschaft stemmt, sucht Zutaten für einen Rührkuchen. Eier braucht er auch noch. Herrgott noch mal. Wieder rempelt ihn so eine Karre frontal an. Sind denn alle hier gegen ihn?

Eier gibts dahinten, hilft ihm ein mitfühlender Kunde. Es ist der Aldi-Neuling. Sein Mehl hat er gefunden, zwei Butterpakete hat er aufgetrieben und eine Ahnung, wo der Quark steht, hat er auch. Nicht schlecht fürs erstemal Aldi.

Der andere hat jetzt die Nase voll. So'n Aufstand wegen 'nem blöden Kuchen. Daß die Frauen auch immerzu ... und er kann dann rennen und suchen. So, da steht er doch, Rum, Silverstone, eine ganze Flasche für 9,98. Da ist genug Aroma drin für den Kuchen und dann auch noch für ihn, so hin und wieder. Jetzt hat er auch die Stelle gefunden, wo die Eier stehen. Zwei Eierkartons fallen polternd in die Karre. Jetzt aber nix wie nach Hause.

Sie, da läuft Ihnen was aus, sagt eine Kundin und macht ein angeekeltes Gesicht. Er bückt sich und sieht das glibberige, weißliche Rinnsal, das da langsam aus dem Eierkarton fließt. Vorsichtig macht er ein paar Schritte zurück, dahin, wo die Eier stehen. Er guckt sich um: keiner in der Nähe. Jetzt schnell.

Als wäre er nie weg gewesen, steht der Eierkarton wieder an seinem alten Platz. Ein älteres Paar schiebt um die Ecke.

Gib mal die Eier rüber, sagt die Frau.

Eierschecke

für den Teig:
500 g Mehl
1 Päckchen Trockenhefe
80 g Zucker
1/4 l lauwarme Milch
80 g Butter
1 Ei

für die Füllung:
500 g Quark
125 g Zucker
1 Ei
1 Zitrone (abgeriebene Schale, ungespritzt)
50 g Rosinen
für den Überguß:
150 g Butter
150 g Zucker
1 El Mehl
4 Eier
100 g gehobelte Mandeln

Das Mehl in einer Schüssel mit der Trockenhefe vermischen. Den Zucker zufügen und das Ei und die in der Milch geschmolzene Butter zugeben und alles so lange rühren, bis der Teig Blasen wirft. An einem warmen Ort 1/2–1 Stunde gehen lassen, bis der Teig das doppelte Volumen hat.

Nun den Quark mit dem Zucker, dem Ei und der Zitronenschale schaumig rühren.

Den Hefeteig, nachdem er gut aufgegangen ist, noch einmal kräftig schlagen und auf ein gefettetes Backblech ausrollen, den offenen Rand mit gefalteter Alufolie verschließen. Den Quark auf den Teig streichen und die Rosinen darüber streuen. Dann die Butter, den Zucker und die Eier nach und nach zu einer schaumigen Masse rühren, das Mehl unterziehen und auf die Quarkschicht geben. Die Mandelplättchen darüber streuen und den Kuchen auf der mittleren Schiene bei 220° 25–30 Minuten backen. Etwas abkühlen lassen und in gleich große Stücke schneiden.

Wert der Zutaten: ca. 7,80 DM.

Die Scheidungstorte

Wichtig ist, daß man das Beste draus macht, findet Tilo. Zumindest in dem Punkt ist er sich einig mit seiner Noch-Angetrauten. Gut und schön, die Ehe hat nun mal keine drei Jahre gehalten, das kann passieren. Aber deshalb jetzt ein Drama daraus machen? Tilo und Susi haben beschlossen, daß sie Freunde bleiben. Und daß sie ihre Scheidung feiern. Man muß es ja mal positiv sehen. Schließlich haben jetzt beide wieder ihre Freiheit. Tilo hat sich diese Freiheit ein bißchen früher genommen als Susi. Was Susi zuerst ziemlich link fand. Aber seitdem sie mit Hendrik zusammen ist, sagt sie, ist sie darüber hinweg.

Tilo steht an der Haustür und begrüßt die Gäste. Susi ist in der Küche und dekoriert die Scheidungstorte, die zu vorgerückter Stunde den Höhepunkt der Festlichkeit bilden soll. Die Idee zu dem Backwerk hatten beide übrigens gleichzeitig gehabt, obwohl sie eigentlich Susi zuerst gehabt hat, wenn man mal ehrlich ist. Tilo hat nämlich keine Ahnung vom Backen. Susi auch nicht, aber genau deshalb war ihr die Schoko-Sahne-Torte aufgefallen. Eigentlich war sie auf der Suche nach einem Farbdrucker gewesen. Aldi sei Dank gab es den gerade als Schnäppchen für schlappe 249 Mark, als Tilo ihr erklärt hatte, daß der gemeinsame Farbdrucker eigentlich seiner wäre. Gut, hatte Susi gesagt, nimmst du den Farbdrucker und meinetwegen auch noch den Computer, aber dann kriege ich die Waschmaschine und die Spülmaschine. Tilo war sofort einverstanden, weil er im Glauben lebte, daß· sich dreckige Wäsche und Geschirr irgendwie von selber reinigten.

Susi war also hin zu Aldi, hatte geduldig in der Schlange gewartet, bis sich die Ladentüren öffneten, und war dann mit der Menschenmenge ins Geschäft und hin zu den Druckern gestürmt. Übel, wie sich da manche Mitmenschen aufführten. Drängeln, schubsen und treten einem extra auf die Füße. Besonders die Ausländer sind immer schlimm. So was von rücksichtslos, wie die raffen. Der Ellenbogen, den Susi in den Magen gerammt bekam, gehörte zwar einer Inländerin, aber trotzdem. Susi konnte den letzten Drucker an sich reißen, allerdings auch erst, als sie den Jungen, der gleichzeitig zugriff, mit einem energischen Schulterstoß ins Frischobstregal befördert hatte.

Mit dem erbeuteten Drucker in der Einkaufskarre stand sie also plötzlich vor den Kuchen. Das ist ja das Praktische an Aldi: im Kaufhof oder beim Hertie liegt mindestens eine Rolltreppe zwischen Computer und Kuchen, bei Aldi höchstens ein paar Kartons mit Dosentomaten. Susi warf drei Pakete mit Schoko-Sahne auf den Drucker. Kuchen im Haus konnte man immer gebrauchen.

Zu Hause, beim Anblick der doppelstöckigen Torte auf der Packung war ihr dann die Idee gekommen: warum nicht die drei Kuchen zu einer einzigen sechsstöckigen Torte auftürmen? Zu einer Scheidungstorte, hatte Tilo vorgeschlagen. Genial war das, echt der Wahnsinn. Das müssen auch die Gäste zugeben, die jetzt die Torte begutachten. Ute, die sich vor kurzem ganz ohne Feier von ihrem Mann getrennt hat und jetzt in einer Gruppe Gleichgesinnter einmal wöchentlich zu sich selbst findet, starrt sprachlos auf das Sahneherz, das den schokobraunen Tortenturm krönt. Und Mike, der sich selbst gerne als bindungsscheu bezeichnet, wirft seiner Dauerfreundin Hella vielsagende Blicke zu.

Originell, oder? Susi läßt noch einen Tropfen blutrote Himbeermarmelade auf das Sahneherz tropfen. Ja doch, originell. Auf die Idee mit dem blutenden Sahneherz muß man erst mal kommen.

Im Wohnzimmer hat Tilo inzwischen alles vorbereitet für den ersten Höhepunkt des Abends. Er und Susi wollen ein Tischtuch zerschneiden. Ein symbolischer Akt, erklärt Tilo. Nicht ganz toternst gemeint, denn er und Susi wollen wie gesagt Freunde bleiben, will er jedenfalls hoffen.

Die schöne Decke, murmelt Susis Mutter. Sie hat gleich gewußt, daß ihre Tochter es nicht lange mit diesem Mann aushält. Gut, daß sie dem Kind noch nicht das Haus überschrieben hat, sonst gehörte jetzt dem Kerl die Hälfte davon. Überhaupt so ein Quatsch, diese Scheidungsfeier, zischt sie dem Herrn neben ihr ins Ohr. Der zuckt aber nur die Achseln. Er ist Therapeut und hat Susi in den ersten Wochen bei der Verarbeitung ihrer Trennungsängste geholfen. Die Idee mit dem Fest findet er ein bißchen ungewöhnlich, aber aus therapeutischer Sicht gar nicht so schlecht. So eine Art Ritual...

Susi, fängst du an? Tilo reicht die Schere, und unter dem Beifall der Gäste sinkt die Decke rechts und links vom Tisch herunter. Auf die nackte Tischplatte trägt Susi die Scheidungstorte. Wunderkerzen leuchten auf, und im Hintergrund fragt Paul Mac Cartney »will you still need me?«. Tilo lächelt zufrieden, von Inszenierungen versteht er was.

Bitteschön, wer will das erste Stück?

Merkwürdig, daß sich die Gäste so zurückhalten, denkt der Therapeut. Darüber will er noch mal genau nachdenken, er hat da so eine These im Kopf. Na ja, er jedenfalls hat keine Scheu vor dem schokobraunen Turm mit dem Sahneherzen. Eines muß man auch sagen, besser als die zuckersüßen Hochzeitstorten schmeckt die Scheidungstorte allemal.

Sehr feiner Schokokuchen

Zutaten für eine 18 cm große Springform:
140 g Butter
120 g Zucker
90 g Mehl
3 Eier
1 Tafel Zartbitterschokolade
1/5 l süße Sahne
2 1/2 EL Rum
2 EL gestiftete Mandeln
1 Messerspitze Backpulver

Butter, Zucker und die Eigelbe schaumig rühren, Rum hinzufügen.

Die Schokolade in einer kleinen Pfanne bei schwacher Hitze vorsichtig (!) schmelzen, in die Eier-Butter-Zucker-Mischung geben und dabei weiterrühren.

Mehl und Backpulver sorgfältig unter die Masse rühren.

Die 3 Eiweiß steif schlagen, davon 2 EL unter den Teig rühren, damit er geschmeidig wird, dann den Rest unterheben, bis nichts Weißes mehr zu sehen ist.

In eine gut ausgebutterte Springform füllen und im vorgeheizten Ofen bei 180° backen. Nach 15 Minuten die Mandeln über den Kuchen streuen und weitere 20 Minuten backen. Möglichst einen Tag in Alufolie verpackt durchziehen lassen.

Kranzkuchen

Ein merkwürdiges Gespann zieht durch das Geschäft, bleibt weder beim Käse stehen, noch bei der Dauerwurst oder beim Vollwaschmittel. Wirft keinen Blick auf die Äpfel, läßt das Olivenöl links liegen und auch den Riesling. Haben wir alles noch da, in rauhen Mengen, sagt der Kopf des Gespanns, Frau Eismann. Aber wenn wir doch schon mal hier sind? kommt es von hinten. Das ist Frau Eismanns Mann, Alfons Eismann, genannt Spatzi. Spatzi versteht sowieso nicht, was seine bessere Hälfte hier will. Samstags bei Aldi, wo sie doch die ganze Woche lang Zeit haben einzukaufen. Aber geht er halt mit, was soll er sonst zu Hause rumsitzen. Frau Eismann ist das ganz recht, solange Spatzi ihr nicht ins Einkaufen reinquasselt. Frau Eismann weiß, was sie will: die Marmor-Backmischung. Kauft sie immer, wenn Besuch kommt, manchmal auch einfach so. Ist ruckzuck fertig, ohne großes Gedöns. Davon hat sie nämlich nach dreißig Jahren erfüllten Hausfrauendaseins die Nase voll, vom Gedöns. Erst recht, seit sie die neue Einbauküche hat. Die soll die nächsten zwanzig Jahre doch bitteschön halten. Für die Alte hat sie sich immer geschämt. So oll, vor allem der Herd. Jetzt hat sie Ceranfelder. Die sind zwar empfindlich, sehen aber schön aus. Bisher jedenfalls noch. Die Küchenschränke hat sie jetzt in Eiche rustikal. Muß man aufpassen, daß sich kein Schmier in den Schnörkeln absetzt.

Kochgelage, wie sie ihre Tochter in der WG veranstaltet, kommen bei ihr nicht in die Tüte. Wenn sie Leute einlädt, gibt es Kaffee und Kuchen, keine Gemüsetorte wie bei der Tochter, sondern ganz normalen Kuchen. Und von wegen »gemeinsam kochen«. In ihrer Küche kocht und backt nur sie. Und soll ihr keiner weismachen, daß Backmischungen nicht schmecken oder immer gleich schmecken. Frau Eismann hat da so ihre Tricks, mit denen sie die Backmischungen der jeweiligen Jahreszeit anpaßt. In der warmen Jahreszeit macht sie ein Glas Schattenmorellen auf und quetscht den Inhalt Frucht für Frucht in Reih und Glied in die feuchte Zuckerglasur. Seitdem sie den Kirsch-Marmor-Kuchen erfunden hat, ist er Spatzis Lieblingskuchen. Im Winter dekoriert sie gerne auch mit Mandelspitzen. Ein Gedicht! Am besten ist aber ihr Adventskuchen. Der unterscheidet sich in jeder Hinsicht von dem üblichen, ganzjährig beliebten Basis-Marmorkuchen. Den Adventskuchen backt sie in der runden Form, Rodonkuchen also. Aber der eigentliche Pfiff liegt in der Messerspitze Lebkuchengewürz, die sie dem Teig und später der Glasur hinzufügt.

Schmeckt wie Weihnachten, sagt Spatzi, wenn er den Finger in den Teig taucht und ablutscht. Was Frau Eismann allerdings eklig findet. Finger im Teig ist wie Naseputzen mit Klopapier. Oder noch schlimmer. Wenn mal einer käme und das sähe ... Kann ja schließlich immer mal passieren, sagt sie immer. Was Frau Eismann aber noch mehr stört als Spatzis Finger im Teig, ist Spatzis Anwesenheit in *ihrer* Küche. Steht ihr nur auf den Füßen herum und hält sie auf. Merkt es nicht mal. Brauchen kann man ihn sowieso nicht, nicht für die kleinste Kleinigkeit. Letztes Jahr, zum Beispiel, als sie zum Friseur mußte.

Spatzi, denkst du an den Kuchen, der ist in einer halben Stunde gut. Nimm ihn dann bitte raus, und denk dran, den Ofen auszumachen. Mehr hatte sie nicht verlangt. Aber was hatte Spatzi getan, während seine Frau unter der Trockenhaube saß und sich über die Verhältnisse an europäischen Adelshöfen informierte? Als Frau Eismann nach zwei Stunden frisch onduliert und gesträhnt nach Hause kam, hatte sie es schon im Treppenhaus gerochen. Nur Spatzi nicht, der lag selig schlummernd auf dem Sofa.

Männer eben, was sie ja immer sagt. Der Kuchen im Ofen war nicht nur schwarz, der war schon blau gebacken, ja blau. Hat sie dann gleich zum Auskühlen auf den Balkon gestellt und dabei gebetet, daß sich die Nachbarn wegen des Geruchs nicht beschweren. Dann hat sie gewartet, bis Spatzi im Bett war, hat den Kuchen vorsichtig aus der Form geholt. Ein paar rote Schleifen hatte sie noch und ein paar Kerzen. Hat der Spatzi ein Gesicht gemacht, als er morgens aufwachte, und über seinem Bett baumelte der Adventskranzkuchen. So gelacht wie damals hatte sie seit Jahren nicht mehr.

Marmorkuchen

3 Eier
100 g Butter
200 g Zucker
1 Päckchen Vanillinzucker
300 g Mehl
1/2 Päckchen Backpulver
3/4 Tasse Milch
100 g Kakaopulver Tropengold
1/2 Tasse Puderzucker zum Bestreuen

Butter, Zucker und Vanillinzucker schaumig schlagen. Die Eier trennen und das Eigelb in die Butter-Zuckermasse einrühren. Das mit Backpulver gesiebte Mehl wird abwechselnd mit 1/2 Tasse Milch an die Schaummasse gegeben. Das Eiweiß wird steif geschlagen und unter den Teig gezogen. Jetzt wird der Teig in 2 Teile geteilt. Das Kakaopulver und die restliche Milch werden unter die eine Hälfte des Teiges gerührt. Nun wird abwechselnd die helle und die dunkle Teigmasse in eine gefettete Springform mit Rohr in der Mitte gefüllt. Der Kuchen wird auf der unteren Schiene bei 190° 50–60 Minuten gebacken. Nach Abkühlen wird der gestürzte Kuchen mit Puderzucker bestreut. Man kann ihn aber auch mit einem Schokoladenguß überziehen.

Wert der Zutaten: ca. 2,80 DM.

Zimtkuchen

für den Teig:
250 g Mehl
125 g Butter
75 g Zucker
1 Prise Salz
etwas Wasser

für die Füllung:
3 Eier
1/8 l Sahne
1/8 l Milch
150 g Zucker
1 Prise Salz
1 Tl Zimt
200 g Mandeln (ungeschält und gerieben)
4 Zwiebacke
1/2 Tl Backpulver

Das Mehl mit dem Zucker und dem Salz vermischen. Die Butter in Flöckchen über dem Mehl verteilen und mit etwas Wasser zu einem Mürbeteig verkneten, den man 1 Stunde kühl stellt. Dann den Teig in einer gefetteten Springform auslegen, einen 2 cm hohen Rand bilden und den Boden mehrfach mit einer Gabel einstechen. 10 Minuten bei 180° auf der mittleren Schiene vorbacken. In der Zwischenzeit die Eier, die Milch, die Sahne, den Zucker, das Salz und das Backpulver miteinander verrühren. Die Mandeln reiben, die Zwiebacke zerbröseln und unter die Masse geben. Das Ganze dann auf dem Kuchenboden verstreichen. Ist der Teigrand zu hoch, bis zur Höhe der Füllung abschneiden. Den Kuchen auf der mittleren Schiene weitere 40–45 Minuten backen, aus der Form lösen und auf einem Kuchengitter erkalten lassen.

Wert der Zutaten: ca. 5,20 DM.

Mit links

Familie Dinkel ist gekommen und hat Butterkuchen mitgebracht. Ganz klassich. Obwohl, ganz so einfach, wie es aussieht, ist es nicht, sagt Frau Dinkel. Sie, zum Beispiel, läßt den Teig zweimal gehen. Dann wird er lockerer. Und natürlich nimmt sie nur frische Hefe. Ein Unterschied wie Tag und Nacht. Justus und Henrike und natürlich auch ihr Gatte *lieben* diesen Butterkuchen mit frischer Hefe. Hier beim Kindergartenfest dagegen, ob die das überhaupt zu schätzen wissen ...?

Frau Germann stellt eine gedeckte Apfeltorte aufs Buffet. An und für sich nichts besonderes. Aber man muß wissen, daß man die Äpfel kurz in Butter andünstet, und dann gehört noch ein bißchen selbstgekochtes Kompott über die Äpfel. Mit ein paar Tropfen Calvados. Das ist das Geheimnis, und deshalb ist ihre Familie immer ganz wild auf die Torte. Herr Koch bringt eine Sachertorte mit. Aus Vollkornmehl und mit selbstgemachter Kirschmarmelade gefüllt. Frau Grube hat auch lange überlegt, ob sie Sachertorte backen soll, hat sich dann aber für Broccolitorte entschieden. Da hat sie ja gerade noch mal Glück gehabt.

Wir haben einen Nußkuchen, garniert mit Smarties.

Sehr saftig, lobt Herr Koch. Sicher mit frischen Nüssen. Tja, das hoffen wir auch. Was bei Aldi ins Regal kommt, ist frisch. Der kleinste Pilzbefall auf der Nuß, die mickrigste Mehlmotte im Mehl und schon verschwinden die Produkte aus dem Regal. Kein Filialleiter, der kopfschüttelnd und mit vorwurfsvollem Blick auf verschimmelte Marmelade blickt und dann sagt: »Das kann ich mir aber gar nicht vorstellen. Alle Produkte verlassen in einwandfreiem Zustand unser Haus.« Bei Aldi wird kein langes Federlesen gemacht. Was nichts mehr ist, fliegt raus.

Frau Germann findet unseren Nußkuchen ebenfalls sehr, sehr lecker, das will sie mal loswerden. Ja, man soll gar nicht glauben, wie gut so einfache Kuchen schmecken. Daß sich die Leute darauf stürzen, kann sie gut verstehen. Die meisten Leute neigen doch dazu, das zu essen, was sie kennen. Ausgefallenere Kuchen wie ihre Apfeltorte sind eben mehr was für Gourmets. Hier, im Kindergarten, ist einfach nicht das richtige Publikum.

Dem kann Frau Grube nur beipflichten. Aber sie backt eben gerne. Ist ja auch eigentlich keine Arbeit, wenn man ein bißchen Übung hat. Broccolitorte ist natürlich nicht so ganz ohne. Mal wird sie zu flüssig, mal zu fest. Und mit dem Salzen, wie leicht man sich da vertut. Aber sie ist froh, daß sie da so ein Rezept hat, mit dem die Torte immer gelingt. Ist halt nur viel Arbeit. Wichtig ist, daß man den Teig kalt verarbeitet. Und im Ofen gehört Pergamentpapier auf die Torte, damit sie nicht zuviel bräunt. Wenn sie sich da so die anderen Torten ansieht, die auf dem Buffet stehen. Nichts für ungut, aber das Auge ißt mit.

Ja, das tut es.

Was so ein paar Smarties ausmachen. Ohne Smarties würden sich die Kinder im ganzen Leben nicht so auf den Nußkuchen stürzen, analysiert Frau Dinkel. Justus und Henrike zum Beispiel, die würden alles essen, wenn nur diese bunten Dinger drauf wären. Also, wirklich eine gute Idee.

Danke, sagen wir bescheiden. Herr Koch hätte nun gerne das Rezept für den Nußkuchen. Er wird ihn allerdings mit Vollkornmehl backen.

Ja, das Rezept ... eigentlich ganz einfach: Backmischung kaufen, gibts bei Aldi standardmäßig, die Mischung in eine Schüssel geben und dann nach Anweisung weitermachen.

Herr Koch erbleicht. Frau Dinkel wirft Frau Grube vielsagende Blicke zu. Frau Germann, die mit feuchtem Zeigefinger die letzten Nußkuchenkrümel aufgelesen hatte, wischt schnell ihre Hände am Tischtuch ab. Offenbar gehören die Anwesenden zu den 62 Prozent der Bundesbürger, die nie zu einer Backmischung greifen. Wir selbst gehören zu den 38 anderen Prozent, die Kuchen und Pizzateig aus der Packung schütteln. 4,4 mal im Jahr tun wir das, hat die Nürnberger Gesellschaft für Konsumforschung durch hartnäckige Befragungen herausbekommen. Auch in Zukunft werden wir das tun, aber wir reden nicht mehr darüber.

Butterkuchen

für den Teig:
500 g Mehl
1 Päckchen Trockenhefe
1 Prise Salz
60 g Butter
60 g Zucker
1/4 l Milch
1 Ei
für den Belag:
150–200 g Butter
6 El Zucker
1 Prise Zimt

Das Mehl mit der Hefe vermischen. Zucker unterrühren. Butter in der lauwarmen Milch auflösen. Das Ei, die Prise Salz und die Milch-Butter-Gemisch mit dem Mehl so lange verrühren und schlagen, bis der Teig Blasen wirft. An einem warmen Ort 1/2–1 Stunde gehen lassen, bis sich das Volumen verdoppelt hat. Dann den Teig nochmal schlagen und auf einem eingefetteten Backblech ausrollen. Mit einer Gabel mehrfach einstechen, damit keine Blasen beim Backen entstehen. Jetzt wird der Teig mit Butterflöckchen belegt und mit dem mit Zimt vermengten Zucker bestreut. Bei 190° auf der mittleren Schiene ca. 30–40 Minuten backen. Der Kuchen muß goldgelb sein, wenn er aus dem Backofen kommt. Für einen salzigen Butterkuchen, der gut zu Wein oder Bier schmeckt, läßt man den Zucker weg und bestreut stattdessen den Teig mit Salz und Kümmel.

Wert der Zutaten: ca. 3,50 DM.

Apfeltorte aus der Normandie

150 g Mehl
1 gehäufter El Puderzucker
1 Prise Salz
75 g Butter
1 Eigelb
3 große säuerliche Äpfel
2 cl Calvados oder
2 El Aprikosenmarmelade
1 El Zucker, etwas flüssige Butter

Mehl, Zucker und Salz in eine flache Schüssel geben, dazu kommt in eine Mulde das Eigelb und verteilt über das Ganze die in Flöckchen geschnittene Butter. Mit den Händen zu einem Teig kneten. Evtl. noch etwas Wasser zusetzen, falls der Teig zu trocken wird. Eine Stunde kühl stellen.

Boden und Rand einer gefetteten Springform (Ø 26 cm) mit dem Teig auslegen und 10–15 Minuten bei 180° auf der mittleren Schiene backen. Falls sich Blasen bilden, diese vorsichtig aufstechen.

Jetzt den Boden mit den geschälten, vom Kerngehäuse befreiten und in dünne Scheiben geschnittenen Äpfeln dachziegelartig belegen. Falls die Äpfel nicht säuerlich genug sind, mit Zitronensaft beträufeln. Die Äpfel mit einem gehäuften El Zucker bestreuen und mit etwas flüssiger Butter bestreichen. Die Form wieder in den Backofen schieben und noch weitere 30 Minuten backen, bis die Torte goldgelb ist. Jetzt die Form aus dem Ofen nehmen, etwas abkühlen lassen, mit dem Calvados begießen oder mit der Aprikosenmarmelade bestreichen. Die Torte dann noch lauwarm servieren.

Wert der Zutaten: ca. 2,90 DM

Sauerkrauttorte

150 g Mehl
75 g Butter
1 Eigelb
1 El Wasser
1/2 Tl Salz
300 g Sauerkraut
1/2 Tl Salz
1/2 Tl Kümmel
200 g Sahne
2 Eier

Das Mehl mit dem Salz und der in Flöckchen geschnittenen Butter bestreuen. In eine Mulde das Eigelb und das Wasser geben und das Ganze zu einem Mürbeteig verkneten. 1/2-1 Stunde in den Kühlschrank stellen.

Das Sauerkraut gut abtropfen lassen und etwas kleinschneiden. Die Sahne mit den Eiern, dem Salz und dem Kümmel gut verquirlen. Den Teig in eine gefettete Springform geben und Boden und Rand (2 cm hoch) auslegen. Mit einer Gabel mehrfach einstechen und 10 Minuten bei 180° auf der mittleren Schiene backen. Die Form aus dem Backofen nehmen, das Sauerkraut auf dem Boden verteilen und mit der Eiersahne übergießen. Jetzt die Form auf den Boden des Backofens setzen und weiter bei 180° ca. 30 Minuten backen. Die Torte ist gar, wenn sie hellbraun und die Eiersahne gestockt ist.

Wert der Zutaten: ca. 2,70 DM.

Nußkuchen

250 g Margarine
200 g Zucker
1 Päckchen Vanillinzucker
4 Eier
250 g geriebene Haselnüsse
250 g Mehl
3 Tl Backpulver
1 Gläschen (2 cl) Weinbrand
1/2 Tasse Puderzucker

Margarine, Zucker und Vanillinzucker schaumig rühren. Dann die Eier unterrühren. Die Haselnüsse und das mit Backpulver gesiebte Mehl nach und nach einrühren und zum Schluß den Weinbrand unterziehen. Eine Kastenform ausfetten, den Teig hineingeben und auf der unteren Schiene bei 175° 60–70 Minuten backen. Gegen Ende der Backzeit mit einer Stricknadel oder einem Holzstäbchen prüfen, ob der Teig gegart ist, bevor man den Kuchen aus dem Ofen nimmt. Bleibt Teig am Stäbchen hängen, ist der Kuchen noch nicht ganz gar und muß noch etwas länger backen.

Den Kuchen dann aus der Form nehmen und auf einem Kuchengitter abkühlen lassen, mit dem Puderzucker bestreuen.

Wert der Zutaten: ca. 4,70 DM.

Dienstreise-Kuchen

Auf dem Küchentisch liegt alles bereit: Eier, Mehl, Zucker, Butter, Backpulver, Salz, Vanillinzucker, Kakaopulver, alles ausgewogen und in kleinen Schüsseln. Daneben sauber aufgereiht das Werkzeug: Backschüssel, Mixer und diverse Löffel. Jörg läßt seine Blicke über den Küchentisch schweifen und nickt zufrieden. Genauso wie er es vor einer Stunde am Telefon verlangt hatte. Aber wo sind die Kinder? Hatte er nicht auch darum gebeten, daß sie sich bereithalten sollten? Jörg schaut in den Garten. Da sitzen sie in aller Ruhe mit ihren Barbiepuppen und denken nicht daran, sich auf das Backen mit ihrem Vater zu freuen.

Katharina, Johanna, ruft er vorwurfsvoll.

Jörg ist im besten Mannesalter. Er ist 35 und blickt bereits auf eine respektable Karriere zurück. Jurastudium, Promotion, ein paar Jahre kleiner Anwalt in einer großen Kanzlei, ein kurzer Ausflug in die mittlere Führungsebene eines Bankhauses und jetzt Fachanwalt für Arbeitsrecht, Mitbesitzer einer expandierenden Kanzlei. Jörg gelingt einfach alles, was er anpackt im Leben. Wenn er abends nach Hause kommt, wartet da Friederike auf ihn. Und dann die beiden Töchter. Katharina und Johanna, wunderbare Kinder. Friederike hält ihm den Rücken frei. Ja, das macht sie fabelhaft. Gibt es nichts zu meckern. Haushalt und Kinder, alles bestens organisiert. Nichts fehlt Jörg zu seinem Glück. Nur dies eine: daß er seinen Töchtern nicht auch noch eine gute Mutter sein kann. Ja, Jörg ist ehrgeizig, er möchte auch zu Hause die Nummer 1 sein. Dafür arbeitet er hart. Kein Abend, an dem er seinen Kindern nicht die Gutenachtgeschichte vorliest. Notfalls, wenn sich Besprechungen in die Länge ziehen, verschwindet er kurz aus dem Sitzungszimmer und eilt zum nächsten Telefon. So viel väterliche Fürsorge muß sein. Seine Kompagnons haben Verständnis. Jörg ist ein leibhaftiges Beispiel dafür, daß sich Karriere und Familie vereinbaren lassen. Man muß nur wollen. Und Jörg will.

Wenn Jörg, wie er es öfter tut, auf Dienstreise geht und in fremden Städten mit bedeutenden Mandanten verhandelt, legt er Wert darauf, daß er am Vorabend noch einmal ganz intensiv mit den Kindern zusammen ist. Schließlich sollen sie ihn gefälligst vermissen.

Katharina und Johanna, der Papa wollte doch mit Euch backen, ruft er jetzt noch einmal in den Garten hinaus. Könnten die Kinder nicht jetzt wenigstens freudig in die Küche stürzen, wenn sie schon nicht auf ihn gewartet haben? Jörg versucht, sich seine Enttäuschung nicht anmerken zu lassen.

So, dann wascht euch die Hände und los gehts.

Katharina darf das Mehl in die Schüssel geben. Daß dabei die Hälfte auf dem Boden landet, macht nichts. Friederike wird Verständnis dafür haben, daß die Küche hinterher nicht gerade wie geleckt aussieht. Dafür kümmert er sich wenigstens um seine Kinder.

Johanna, jetzt die Eier, aber ganz vorsichtig. Ja, sehr gut hast du das gemacht. Und nun den Zucker.

Jetzt sind die Kinder ganz bei der Sache. Auch wenn ihn in diesem Augenblick keiner bewundert, lächelt Jörg leise in sich hinein. Vielleicht hört er gerade im Geiste die Stimmen seiner Freunde und Kollegen: wie der Mann das alles schafft?

Jörg läuft allmählich zur Hochform auf.

Johanna, jetzt die Vanille. Katharina, nicht zuviel Milch, paß doch auf.

Wie ein Dirigent gibt er seinen Töchtern die Kommandos für die Einsätze. Die Kinder beginnen sich zu streiten, wer den Mixer halten darf.

Abwechselnd, ruft Jörg. Später einmal werden es Abende wie dieser sein, an den seine Töchter sich erinnern, wenn sie an ihre Kindheit denken. Jörg ist sich da sicher. Fürs erste genügt ihm allerdings, daß die Kinder ihn nicht vergessen bis zum Wochenende, wenn er von seinem wichtigen Geschäftstermin wiederkommt. Solange wird der Kuchen reichen. Jeden Tag ein Stück vom Kuchen, den der Papi mit ihnen gebacken hat.

Jörg liebt Dienstreisen, geben sie ihm doch Gelegenheit, völlig fremden Menschen seine Vaterqualitäten vor Augen zu führen. Einen Stapel Kinderfotos, die er in Hotelhallen und auf Sitzungen mit Mandanten herumzeigen kann, hat Jörg deshalb immer dabei. Gerne dokumentiert er seine Vaterpflichten auch durch die Frage nach gut sortierten Spielwarenläden.

Jörg liebt Dienstreisen aber nur, wenn er vorher mit seinen Kindern gebacken oder gekocht oder doch mindestens einmal ausgiebig auf dem Spielplatz gewesen ist und sicher sein kann, daß seine Abwesenheit von der Familie mit gebührender Aufmerksamkeit registriert wird.

Jörg muß den Töchtern versprechen, daß sie noch so lange aufbleiben dürfen, bis der Kuchen aus dem Ofen kommt. Friederike findet das gar nicht gut. Morgen ist Kindergarten, und außerdem will sie abends ihre Ruhe haben. Wie ruppig sie manchmal sein kann. Jörg versteht das nicht. Andere Frauen wären froh, wenn sich der Ehemann so um den Nachwuchs kümmern würde.

Kommt, Kinder, wir spielen noch eine Runde Memory im Kinderzimmer, bis der Kuchen fertig ist, ruft er bekümmert. Irgendwie fehlt ihm heute abend die Anerkennung. Aber morgen, nimmt Jörg sich vor, sobald er aus dem Flieger steigt, wird er zu Hause anrufen und fragen, wie der Kuchen geschmeckt hat.

Waffel-Creme-Schnittchen

1 Paket Frischeiwaffeln (250g)
1 Schachtel »Le Dessert« Amaretto-Amarena-Sahne-Creme (Fertig-Creme ohne Kochen)
200g Sahne
2 Riegel Schokolade (Choceur-Sahne-Herb) ca. 50g
12 Eiswaffeln zum Verzieren (Röllchen oder Herzen)

Die Waffeln werden an den Rändern glatt geschnitten. Das Fertigdessert wird nach Anweisung mit der Sahne zubereitet. Sechs Waffeln werden dick mit der Masse bestrichen und die übrigen sechs Waffeln daraufgelegt. Jetzt werden die Waffelpäckchen auf der Oberseite und an allen Seiten mit der Creme schön gleichmäßig zugespachtelt. Die Riegel Schokolade werden auf einer groben Rohkostreibe zu Flöckchen geraspelt und über die Creme-Waffeln gestreut, dabei die Seiten nicht vergessen. Eine Stunde im Eisschrank kaltstellen. Vor dem Verzehr die Waffeln aus dem Eisschrank nehmen, diagonal durchschneiden und mit je einer Eiswaffel verzieren.

Wert der Zutaten ca. 4,80 DM.

Tintenstrahl und Tortenboden

Das Kind, etwa 15, nervt, es ist penetrant. Mama, bitte, die haben einen Pentium II Prozessor bei Aldi im Angebot. Und den HP Deskjet 400 L.

Was? Red deutsch, wenn du mit mir sprichst. Die Mutter versteht kein Wort. Und außerdem hat ihr die Tochter einfach die Zeitung mit der Aldi-Anzeige aus der Hand gerissen. Gerade bis zur Sprühsahne für 1,79 war sie gekommen. So geht das aber nicht. Könnte ich die Seite jetzt bitte wiederhaben?

Mama, wenn wir nicht gehen, sind die alle weg.

Was soll weg sein?

Mama! Augen wenden sich flehend an die Zimmerdecke. Auf welchem Planeten lebt diese Mutter eigentlich? Die Tochter kann es nicht fassen. Da steht es doch: Professional Computer mit Pentium II Prozessor und Tintenstrahl-Farbdrucker, alles zusammen für nicht mal ganz 1250 Mark. Ist die Mutter blind? Bitteschön, lies doch selbst.

Ja, ist das denn dann überhaupt was, Computer bei Aldi?

Mama!

Diese Mutter rafft wirklich nix. Hat gar keinen Sinn, der was zu erklären. Kann sie gleich bleiben lassen.

Wozu brauchst du überhaupt so ein Ding?

Ja, dreimal darf sie raten. Ohne Computer geht doch nichts mehr. Wie soll sie denn ihre Referate schreiben. Hat die Mutter mal darüber nachgedacht?

Hat sie nicht. Weil sie gedacht hat, die schreibt man einfach so, ganz normal mit der Hand. Kann sich nicht dran erinnern, daß der Lehrer beim Elternabend gesagt hat, alle Referate müssen auf dem Computer geschrieben werden. Wär ja auch noch schöner, wenn die das jetzt vorschreiben würden. Wo die Eltern schon alle naselang Geld für Lektüre abdrücken müssen.

Aber *alle* schreiben ihre Arbeiten auf dem Compi. Alle, nur ich nicht. Ich bin die einzige in der Klasse, die keinen hat.

Der Torsten hat auch keinen. Das weiß ich *ganz* zufällig.

Ja, *der*. Mit diesem Idi braucht ihr die Mutter ja wohl nicht zu kommen. Weißt du auch, wie beknackt der ist?

Weiß sie natürlich nicht, die Mutter. Sie findet den Torsten sogar ausgesprochen nett, der grüßt immer so höflich, wenn er einen auf der Straße sieht. Dieser Alex, der seit ein paar Tagen immer anruft, noch dazu in der Mittagspause, der sagt ja noch nicht mal seinen Namen.

Der will ja auch nicht dich, sondern mich sprechen. Außerdem will ich jetzt wissen, was mit dem Compi ist.

Aber man kann doch nicht einfach mal eben so einen Computer kaufen. Muß man sich doch erst mal informieren.

Sie will sich also informieren. Ja, da ist sie mal gespannt, die Tochter, wie die Mutter sich informieren will, wo die bis heute noch nicht gecheckt hat, wie man den Videorecorder programmiert.

Mama, in der Anzeige steht doch auch alles genau drin, was der Compi kann. Wenn du dich jetzt noch großartig informieren willst, sind die Dinger ausverkauft. Verstehst du: weg! Siehst du die Sternchen? Das sind Sonderposten. Und da unten stehts auch: »Diese Artikel haben wir nur vorübergehend im Sortiment«.

Die Mutter schaut auf die Anzeige. 4,3 GB Festplatte, 32 MB S-Dram Arbeitsspeicher, 4 MB 3D VGA Grafik. Was das heißen soll? Ihr ist das alles unheimlich. Aber da, da stehts doch gleich daneben, Obst-Tortenboden aus Rührteigboden – lecker und locker, 1,29. Das ist doch was Reelles. Und Schattenmorellen, ohne Stein, gezuckert für 2,59. Pfirsiche für 1,59 die ganze Dose. Sogar Tortenguß haben die Aldis diese Woche im Angebot. Klar oder rot. Fünf Tütchen für 59 Pfennig. Könnte sie doch gleich mal wieder...

So eine Torte ist doch schnell gemacht. Und die Tochter und der Mann essen die doch so gerne. Vielleicht sollte sie auch mal mit Birnen und Heidelbeeren probieren. Mal was anderes.

Mama, Maaama!

Was das Kind jetzt wieder hat. Schrei doch nicht so, Sabrina. Und wenn du so ein Ding haben willst, frag den Papi. Wenn der sich damit auskennt …

Einfacher Birnenkuchen

Zutaten für 6 Portionen:

2 Eier
4 EL Milch
225 g Zucker
1 Prise Salz
170 g Mehl
900 g frische Birnen (am besten eine feste Sorte)
45 g Semmelbrösel
12 Nelken (nach Belieben)
Butter zum Ausfetten der Form und zum Belegen mit Butterflöckchen

Eier und Milch in einer Schüssel verschlagen. Den Zucker und eine Prise Salz hinzufügen, dabei weiterschlagen. Das Mehl hineinsieben, untermischen, bis ein relativ fester Teig entsteht. Die Birnen schälen, längs halbieren und entkernen. Die Hälften in etwa 2 1/2 cm dicke Scheiben schneiden. Unter den Teig mischen.

Eine runde Kuchenform sorgfältig ausbuttern und dünn mit Semmelbrösel bestreuen. Den Teig in die Schüssel geben und glattstreichen. Mit einer Fingerspitze viele kleine Löcher in den Teig drücken und kleine Butterflöckchen hineinsetzen. Nach Belieben die Nelken auf dem Kuchen verteilen. Die Form in den auf 190° vorgeheizten Ofen stellen und den Kuchen 50 Minuten backen, bis er leicht gebräunt ist. Der Kuchen schmeckt lauwarm, aber auch mit Zimmertemperatur.

Wert der Zutaten ca. 5,– DM

Teig und Kuchen

Hin und wieder tun sich beim Kuchenbacken tiefe Differenzen auf. Solche des Geschmacks zum Beispiel. Was manchen Menschen die Buttercremetorte, ist anderen die Erdbeertorte. Welten liegen auch zwischen Donauwelle und Möhrenkuchen. Tiefer aber noch als die Kluft zwischen den Geschmäckern ist der Abgrund zwischen Teig und Kuchen. Nur Ahnungslose glauben, daß beides dasselbe in unterschiedlichen Aggregatzuständen ist, daß das eine die ungenießbare Vorstufe des anderen ist.

In der Wohnküche eines adretten Einfamilienhauses am Rande der Stadt werden wir Zeugen eines erbitterten Kampfes. Schwitzend und schreiend ringen dort eine Mutter und ihr etwa achtjähriger Sohn um eine Teigschüssel. Die Mutter steht auf dem Küchenstuhl und hält die Schüssel über ihren Kopf, der Sohn springt an der Mutter hoch und grapscht nach dem Gefäß.

Bitte Mami, bitte, bitte, brüllt der Sohn, ein einziges Mal. Doch die Mami ist unerbittlich. Wie die New Yorker Freiheitsstatue steht sie da, die emporgestemmte Schüssel in der Hand und hofft, daß der quittengelbe Designerstuhl über genug Statik verfügt, um den anbrandenden Attacken ihres Sprößlings standzuhalten.

Julian, du weißt genau, daß man von rohem Teig Bauchschmerzen kriegt, schreit die Mami aus luftiger Höhe. Stimmt doch gar nicht, japst der Knabe. Hab ich doch selbst gesehen, daß du dir auch heimlich Teig reinstopfst.

Damit hat er einen Treffer gelandet.

Man spioniert den Eltern nicht hinterher, sagt die Mutter nun schon etwas kleinlauter, das gehört sich nicht.

Man setzt Kinder auch nicht vor die Glotze, nur damit man ihnen heimlich den ganzen Teig wegfressen kann, kommt es wieder von unten.

Das hat sie nun von ihrer partnerschaftlichen Kindererziehung. Sei nicht so unverschämt, Julian. So redet man nicht mit seiner Mutter.

Da kennt sie aber Kinder und insbesondere ihr eigenes schlecht.

Mein Geburtstagskuchen ist das, also darf ich darüber bestimmen.

Der Mutter wird der Arm lahm. Aber jetzt pädagogischen Bankrott erleiden, aufgeben so kurz vor dem Ziel? Jahrelang, denkt sie bitter, *jahre*lang hat sie darauf gewartet, endlich erwachsen zu werden und soviel rohen Teig essen zu können, wie sie wollte. Sollte sie jetzt etwa den wesentlichen Aspekt ihrer Mutterschaft, eine der wenigen Freuden ihres Erwachsenendaseins selbstlos zugunsten der nächsten Generation aufgeben?

Nein, das sah sie im Traum nicht ein. Wer Teig will, muß vorher Kuchen essen. Mindestens bis zur Volljährigkeit.

Von rohem Teig wirds dir schlecht, Julian, und dann kannst du deinen Geburtstag morgen vergessen.

Warum solls mir vom Teig schlecht werden und vom Kuchen nicht? fragt der Sohn frech zurück. Darauf weiß die Mami nun keine Antwort mehr. Weil das eben so ist, sagt sie und betont dabei jedes Wort einzeln.

Als sie selbst klein war, wußte sie, was es bedeutet, wenn Mütter jede Silbe einzeln aussprechen. Ihr Sohn weiß es nach jahrelangem Training in herrschaftsfreiem Diskurs nicht, jedenfalls ist er nicht beeindruckt. Allein seine Sprungkraft läßt nach, und damit werden auch die Attacken schwächer. Die Mutter deutet es als späte Einsicht. Sie wundert sich auch nicht über den plötzlichen Gehorsam, mit dem das Kind, nachdem es noch den Quirl ablecken durfte, in sein Bett verschwindet. Mit den Jahren werden sie einfach vernünftiger, denkt sie zufrieden, während sie sich die klebrige, süße Masse auf der Zunge zergehen läßt. Was vom

Teig übrig bleibt, kommt in die Backform. 180 Grad und sechzig Minuten programmiert die Mutter. Den Rest wird der Ofen von selbst erledigen.

Hätte er auch getan, wenn nicht – kaum daß die Mutter ihr müdes Haupt und ihren schweren Magen zur Nacht gebettet hat – eine kleine Gestalt im blauen Superman-Schlafanzug in die Küche gehuscht wäre. Lautlos öffnet sich die Ofentür, zwei dicke Kochhandschuhe greifen nach der Kuchenform und ziehen sie heraus, ein Löffel bohrt sich in den warmen Teig.

Besonders groß, denkt Superman, wird sein Geburtstagskuchen dieses Jahr nicht werden. Aber wenigstens einmal hat er ihm so richtig geschmeckt.

Erdbeerquarkkuchen

für den Teig:
250 g Mehl
125 g Butter
100 g Zucker
1 Eigelb
für den ersten Belag:
250 g Quark
100 g Zucker
40 g Speisestärke
1 Päckchen Vanillinzucker
1 Zitrone (abgerieben Schale, ungespritzt)
4 Eier
1/4 l Sahne
für den zweiten Belag:
250 g Erdbeeren
1 Päckchen Tortenguß

Das Mehl mit dem Zucker vermischen. In eine Mulde das Eigelb geben. Die Butter in Flöckchen geschnitten über das Ganze verteilen und schnell zu einem Mürbeteig verkneten. 1 Stunde kühl stellen. Dann den Boden und 2 cm Rand einer eingefetteten Springform mit dem Teig auskleiden, mit einer Gabel ein paarmal einstechen und 10 Minuten auf der mittleren Schiene bei 190° backen.

In der Zwischenzeit den Quark mit dem Zucker, dem Vanillinzucker, den Eiern, der Speisestärke und der Zitronenschale verrühren. Die Sahne steif schlagen und unter die Masse heben. Nach 10 Minuten Backzeit den Kuchenboden aus dem Backofen nehmen und die Quarkmasse einfüllen und glattstreichen. Weitere 60 Minuten backen, herausnehmen und abkühlen lassen. Die Erdbeeren halbieren und die Quarkfüllung damit belegen. Den Tortenguß nach Vorschrift zubereiten und die Erdbeeren damit überziehen.

Wert der Zutaten: ca. 6 DM.

Schlicht

Die Küche ist vom Schreiner, das Geschirr von Rosenthal und die Kupfertöpfe hat er aus Paris mitgebracht, als er zwischen zwei Meetings Zeit hatte und ganz zufällig dieses kleine, edle Haushaltswarengeschäft in der Nähe der alten Hallen entdeckt hatte. Jetzt hätte er mal gerne gewußt, wo der Schneebesen ist. Hat wahrscheinlich wieder die Putzfrau verkramt. Inga! Weißt du, wo die Maria den Schneebesen ...? Keine Antwort. Wo sie wohl wieder steckt? Wahrscheinlich in ihrem begehbaren Kleiderschrank, der pickepackevoll mit nichts zum Anziehen ist. Er kratzt sich an seiner Designerglatze und seufzt. Nimmt er eben den Mixer. Obwohl er das haßt. Eischnee schägt man mit dem Schneebesen, und zwar mit einem richtig Großen. Die fummeligen Dinger, die deutsche Hausfrauen benutzen: kann man doch vergessen. Er fragt sich sowieso, warum die Leute sich kein richtiges Werkzeug kaufen. Ohne anständige Messer, ohne ordentliche Töpfe, ohne Profiherd kann man nicht kochen und nicht backen. Apropos, jetzt wirds aber Zeit. Inga! Wo die wieder bleibt?

Was schreist du denn so? fragt sie kühl.

Er guckt sie gereizt an. Da stand sie mit ihrem zugegebenermaßen rattenscharfen schwarzen Kleid, die Haare noch klatschnaß, und fönte sich die frischlakierten Fingernägel trocken. Etwas Hilfe hatte er erwartet, ein bißchen Unterstützung bei den Vorbereitungen. Schließlich war es *ihre* Idee gewesen mit der Aldi-Party. Nur mit Aldi-Sachen, stell dir mal vor, hatte sie geschwärmt. Jeder bringt was mit: Aldi-Kaffee, Aldi-Käse, Aldi-Hirschbraten, total kultig. Und wir backen Kuchen, so richtig schön spießig.

Er hatte sich überzeugen lassen. Nicht ohne leise Zweifel allerdings. Als Student hatte er jahrelang nur bei Aldi gekauft. Was damals nicht besonders hip war, sondern eher etwas mit dem mickrigen Bafög-Satz zu tun hatte. In den Jahren danach hatte er sich mit jeder Käfer-Pizza, mit jedem Pfund Tschibo und jeder Packung Persil weiter von Aldi entfernt. Und jetzt soll Aldi auf einmal ein neues Lebensgefühl repräsentieren? Jetzt, wo er sich Veuve Cliquot leisten kann, soll er auf einmal Veuve Monsigny brut für müde 15,98 süppeln? Die neue Kargheit, nannte Inga das. Schluß mit den Label-versessenen 80ern. Die 90er Jahre stehen im Zeichen der neuen Bescheidenheit, einfache Produkte, aber beste Qualität und ohne großes Drumherum. Na, ihm solls recht sein. Solange er im Notfall wieder seinen Käse beim Feinkosthändler und seinen Kuchen beim Konditor kaufen kann.

Was ist eigentlich mit dem Kirschstreusel, den du backen wolltest? will er wissen. Wird ja allmählich mal Zeit. Vier Bleche bei deinem Arbeitstempo, das dauert.

Der Kirschstreusel, ach ja. Sie ist heute total durch den Wind. Hat sie heute morgen zum Gehen auf die Heizung gestellt. Mal gucken?

Sieh dir das an, schrillt es wenige Sekunden später aus dem Arbeitszimmer. Fassungslos deutet sie auf die Heizung. Von der Teigschüssel und dem Heizkörper sind nur noch undeutliche Umrisse zu erkennen. Wie Lava hat der Teig alles sanft umhüllt, ist über die Heizungsrippen und dazwischen gekrochen, hat das Thermostat sanft verpackt und ist zu einem nicht ganz garen, bleichen Kuchen getrocknet. Christo hätte seine Freude daran.

Riecht zumindest gut, bemerkt er sachlich.

Wortlos und mit einem bösen Blick auf ihre grinsende Beziehungshälfte beginnt sie, die Heizung aus der Hefeteigkruste zu pellen.

Nun sitzt er also endgültig allein mit den Vorbereitungen zu *ihrer* Aldi-Party. Irgendwie war doch da auch was mit

Eischnee. Ach ja, seine Zitronentorte. Das Rezept hat er aus einem dieser Luxusbackbücher, die Prominenten-Konditoren schreiben, damit Laien erst gar nicht auf die Idee kommen, sie nachzuahmen. Was die wohl sagen würden, wenn sie wüßten, daß man ihre Kunstwerke mit ganz ordinären Aldi-Produkten super hinkriegt?

Das bringt uns zu der Frage: was sagen eigentlich Theo und Karl, die notorischen Pfennigfuchser, dazu, daß ihre popeligen Aldi-Läden auf einmal Kult bei den Schönen und Erfolgreichen sind, daß plötzlich Art-Direktoren, Werbetexterinnen und Besserverdienende aller Art ihre Lebensmittel bei Aldi kaufen und daraus Schlemmermenus kochen? Was mögen die pressescheuen Brüder, die nach Augenzeugenberichten so farblos und bieder aussehen wie ihre eigenen Sachbearbeiter, über all die gutgekleideten Yuppies denken, für die der Einkauf bei Aldi »echten Eventcharakter« hat? Falls sie sich darüber freuen, tun sie's heimlich. Kein Sender hat bisher Theo in eine Talkshow locken können, um dort mit Aldi-Fans über das neue Luxus-für-jedermann-Konzept zu plaudern, keine Illustrierte zeigt uns Bilder von Karl, wie er die neue Kundschaft willkommen heißt.

So, der Hobbybäcker legt den Mixer zur Seite. Mit der Tortenfüllung wäre er jetzt fertig, aber wo ist jetzt die Kuchenform hingekommen? Hatte die nicht immer hier im Schrank herumgestanden, oder täuscht er sich da? Schon seit Jahren hat er keinen Kuchen mehr gebacken. Kaffee und Kuchen, das waren die ganz frühen Jahre. Dann war Kaffee und Zigaretten drangekommen, die letzten Jahre dann Mineralwasser und Salat. Schließlich hatte er nicht vor, mit fünfzig wegen Herzinfarkt abzutreten. Von dem eigenen Zitronenkuchen würde er allerdings ein Stück probieren. Cholesterin hin oder her, irgendwie gehört Kuchenessen zu Aldi. Wie ihn überhaupt Aldi mit seiner irgendwie unbedarften Schlichtheit an seine Jugend erinnert. Vielleicht ist es ja auch die Sehnsucht nach den sechziger oder siebziger Jahren, die jetzt alle zu Aldi treibt. Nach vorne in die Vergangenheit, denkt er und schüttelt den Kopf. Den Ofen muß er jetzt vorheizen. Höchste Zeit.

Einfache Kirschtorte

für den Teig:
150 g Mehl
100 g Butter
50 g Zucker
für den Belag:
1 Glas Sauerkirschen
1 El Stärkemehl oder
1 Päckchen Tortenguß
1/2 Zitrone (Saft) = ca. 1 El

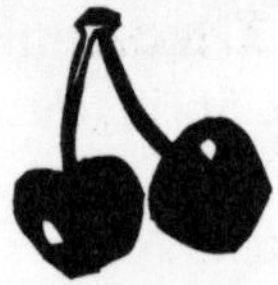

Das Mehl mit dem Zucker vermischen, die Butter in Flöckchen darüber verteilen und zu einem Mürbeteig verkneten, evtl. etwas Wasser hinzugeben, damit der Teig geschmeidig wird. 1 Stunde kühl stellen.

Dann den Boden und 2 cm Rand einer gefetteten Springform mit dem Teig auslegen. Mit einer Gabel ein paar Löcher in den Boden stechen, damit er keine Blasen wirft und ca. 20 Minuten bei 180° auf der mittleren Schiene goldgelb backen.

Wenn der Boden abgekühlt ist, die gut abgetropften Kirschen darauf verteilen. Den Saft der Kirschen mit dem Zitronensaft und dem Zucker aufkochen, die in etwas Flüssigkeit angerührte Speisestärke oder Tortenguß hinzugeben, nochmal aufkochen lassen, so daß die Flüssigkeit andickt, abkühlen lassen und über die Kirschen verteilen. Andere Früchte eignen sich ebenfalls dafür, z.B. Pfirsiche, Aprikosen, Stachelbeeren usw.

Wert der Zutaten: ca. 4,20 DM.

Sehr feiner Zitronenkuchen

Zutaten für eine Springform,
ca. 28 cm:
Für den Mürbeteig:
200 g Mehl
150 g Butter
80 g Zucker
1 Prise Salz
1 Ei
Für die Füllung:
3 Eier
150 g Zucker
abgeriebene Schale von 2 unbehandelten Zitronen
Saft von zwei Zitronen
150 g Süßrahmbutter

Das Mehl, die kalte Butter (in Flöckchen), den Zucker, das Ei und das Salz schnell zu einem Teig verkneten, zu einer Kugel formen und 90 Minuten kalt stellen. Die Springform einfetten, den Teig 2 mm dünn darauf ausrollen. Überstehenden Teigrand glatt abschneiden. Den Springformrand um den Boden legen und 2 cm hoch einfetten. Aus dem restlichen Teig eine Rolle formen, in die Form legen und zu einem Rand andrücken.

Für die Füllung die Eier mit dem Zucker gut verrühren, Zitronenschale hinzufügen. Zitronensaft durch ein feines Sieb geben und zu der Creme gießen. Die Butter vorsichtig schmelzen und in die Creme einrühren. Die flüssige Masse auf den Teig gießen. Im vorgeheizten Backofen bei 175° ca. 30 bis 35 Minuten backen. Eventuell vor Beendigung der Backzeit mit Alufolie abdecken, damit der Kuchen nicht zu dunkel wird.

Tip: Unbedingt Süßrahmbutter verwenden. Sauerrahmbutter flockt bei der Berührung mit Zitronensaft aus.

Wert der Zutaten ca. 5 DM.

Zitronenkuchen

250 g Butter
250 g Zucker
250 g Mehl
1/2 Päckchen Backpulver
3 Eier
3 Zitronen
3 El Puderzucker

Butter und Zucker schaumig rühren. Eier zufügen und heftig unterschlagen. Das Mehl mit dem Backpulver darüber sieben und verrühren. Den Saft einer 1/2 Zitrone einrühren. In eine gefettete Springform füllen und auf der mittleren Schiene bei 180-200° ca. 30 Minuten backen. Den Puderzucker mit dem Saft der restlichen 2 1/2 Zitronen verrühren. In die noch heiße Torte mit Hilfe einer Stricknadel viele Löcher stechen und mit dem Zitronensaft vorsichtig begießen, so daß möglichst viel Saft in die Löcher sickern kann.

Wert der Zutaten: ca. 3,70 DM.

Kann nicht sein

Wieder Sonntag. An Feiertagen ist es ganz schlimm. Die Versuchung. Will man sich ein bißchen was Gutes tun, und dann trifft einen auf der Waage der Schlag. Ein Kilo hat Frau Kaes zugenommen im letzten Monat. Ein gutes Kilo, wenn sie ehrlich ist, drei Pfündchen. Wie das? Ja, das fragt sie sich auch. Der Doktor sagt, sie soll aufpassen. Sie paßt aber schon auf. Und wie. Aber ihr schmeckts halt auch. Und alles kann man sich eben nicht verkneifen. Marmorkuchen gabs gestern im Angebot. Hat sie sich mitgenommen, für heute nachmittag. Den Rest friert sie ein für nächste Woche. Doch, das geht dann schon. Muß sie nur gleich tun. Wenn die Sachen einmal auf dem Tisch stehen, dann ist es zu spät, dann ißt sie es auch auf, ratzfatz. Ab Montag ist aber wirklich Schluß mit dem Genuß. Fasten wird sie. Sie hat sich Äpfel mitgebracht und Broccoli. Es gab auch Salat billig und Tomaten. Dazu Heringsfilets mit Gemüsebeilagen und fein gewürzter Soße für 1,49. Soll keiner glauben, daß man sich bei Aldi nicht gesund und kalorienarm ernähren kann. Kaffee gibts ohne Koffein und Süßstoff ohne Zucker. Und das Olivenöl, das sie verkaufen, hat mehrfach ungesättigte Fettsäuren. Denkt sie sich jedenfalls mal so. Obwohl Aldi sich da ausschweigt. Kein Wort darüber, ob »Lorena« nun wie andere Öle »einen sinnvollen Beitrag zu einer ausgewogenen und gesunden Ernährung« leistet. Aldis Kundschaft weiß auch so, was sie an ihrem Öl hat, oder weiß es eben nicht und es ist ihr eh egal. Ist ja sowieso die Frage, was man noch glauben soll. Die Sache mit dem Salz zum Beispiel. Ungesund, weil blutdruckerhöhend: jahrelang hatte sie, Frau Kaes, deshalb nicht mehr gesalzen. Bis sich rausstellte, daß in Wirklichkeit *kein* Salz den Blutdruck in die Höhe trieb. Genau dasselbe mit den Kartoffeln. Erst Dickmacher, dann wieder eines der gesündesten Gemüse überhaupt. Wer ersetzte ihr nun die kartoffellosen Jahre? Zum Glück hatte sie wenigstens dies in ihrer Illustrierten entdeckt: ein Gläschen Rotwein am Tag senkt den Cholesterinspiegel. Seitdem nahm sie sich jede Woche ihr Fläschchen Château Saint-Bonnet mit. Überhaupt, das Cholesterin. Erst hatte ihr der Hausarzt ihr Frühstücksei und ihre Buttersößchen vermiest. Und was war? Fehlalarm, Irrtum. Das meiste Cholesterin produzierte sie selber, hatte ihr der Doktor dann erklärt. So war das also. Nicht Frühstücksei und Schokolade, sondern ihr eigener Stoffwechsel war schuld, wenn sie eines Tages an Verkalkung und Herzinfarkt sterben würde. Schöne Aussicht. Wie sie ihrem Körper das Cholesterinproduzieren abgewöhnen sollte, hat ihr der Doktor natürlich nicht sagen können. Dann hatte sie die Sache mit der Mittelmeerdiät gelesen, essen wie die Völker rund ums Mittelmeer. Gegen Krebs, gegen zuviel Cholesterin und gegen Herzinfarkt. Frau Kaes hatte von da an etwas genauer in die Einkaufswagen ihrer ausländischen Mitbürger geschaut. Gemüse in rauhen Mengen hatte sie entdeckt. Hätte sie sich schon denken können. Aber was lag da unter den Tomaten, dem Olivenöl und dem Fisch? Richtig, Frau Kaes hatte es genau gesehen: Eier und Butter. Eine junge Frau mit Kopftuch hatte sich den halben Wagen mit Süßigkeiten und Backwerk beladen. Und mir gönnt der Arzt nicht mal die Butter auf dem Brot, hatte Frau Kaes voll Ingrimm gedacht. Dabei achtet sie schon so auf die Gesundheit. Gestern hat sie gelesen, daß Schokolade die Konzentrationskraft stärkt. Wo hat sie eigentlich die Schokoplätzchen, die sie letzte Woche geholt hat? Ein klitzekleines kann sie sich doch nach dem Marmorkuchen noch genehmigen. Sozusagen als krönenden Abschluß. Wie gesagt, ab morgen ist sowieso mal erst Schluß mit Süßigkeiten und Kuchen. So, da hat sie endlich die Packung. »New

Orleans« steht da drauf ... aber das kann doch gar nicht sein. Vorgestern war sie doch noch halb voll.

Thunfischtorte

für den Teig:
250 g Mehl
1 Päckchen Trockenhefe
1/2 Tasse Milch
40 g Butter
1 Ei
1/2 Tl Salz
1 Eigelb zum Bestreichen

für die Füllung:
4 El Öl
1 Zwiebel, feingehackt
1 Knoblauchzehe, feingehackt
4 Möhren, geschält, in feine Scheiben geschnitten
6 Tomaten, überbrüht, geschält, in Scheiben geschnitten.
2 Tl Thymianblätter
2 El Petersilie, gehackt
6 Pfeffergurken, gehackt
2 Tl Kapern, gehackt
4 Dosen Thunfisch, abgetropft
Salz, Pfeffer, *Cayennepfeffer*

Das Mehl mit der Trockenhefe vermischen. Salz zugeben, Butter in Milch schmelzen, abkühlen lassen und mit dem Ei zu einem Teig verrühren. So lange schlagen, bis er Blasen wirft. An einem warmen Ort 1/2-1 Stunde gehen lassen, bis er sich verdoppelt hat.

Für die Füllung das Öl in einer Pfanne erhitzen, Zwiebel, Knoblauch und die Möhren kurz anbraten. Hitze herunterschalten und mit 3 EL Wasser fast weichdünsten. Tomaten, Thymian, Petersilie, Kapern und Gurken dazumischen, mit Salz und Pfeffer abschmecken. Thunfisch in Stücke teilen und vorsichtig unterziehen.

2/3 des Teiges 5 mm dick ausrollen, in einer gefetteten runden Backform ausbreiten, den Rand festdrücken und mehrfach mit einer Gabel einstechen. Die Füllung hineingeben. Aus dem restlichen Drittel Teig einen Deckel ausrollen, über die Füllung legen, die Ränder zusammendrücken. Die Oberfläche mit den Teigresten verzieren und mit dem verquirlten Eigelb bestreichen. 15 Minuten ruhen lassen. Bei 200–220° 30 Minuten auf der mittleren Schiene backen.

Wert der Zutaten: ca. 11,50 DM.

Fladenbrot

500 g Mehl
1 Tl Salz
1 Tl Zucker
1 Päckchen Trockenhefe
3 El Olivenöl
1 Tasse Wasser
etwas Milch zum Bestreichen

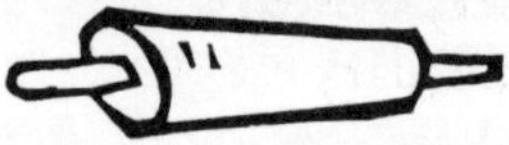

Das Mehl mit Salz, Zucker und Trockenhefe mischen. In eine Mulde das Öl und das lauwarme Wasser gießen, alles zu einem geschmeidigen Teig verrühren und so lange schlagen, bis sich Blasen bilden. 1/2-1 Stunde an einem warmen Ort gehen lassen, bis sich das Volumen verdoppelt hat. Dann noch einmal kräftig durchrühren und zu einem flachen Fladen formen. Mit etwas Milch bepinseln und auf ein gefettetes Blech legen. Wenn im Haushalt vorhanden, mit 1 El Sesamsamen bestreuen. Auf der mittleren Schiene 30 Minuten bei 180° hellbraun backen. Schmeckt besonders gut mit gesalzener Butter zu Wein.

Wert der Zutaten: ca. 1 DM.

Gefülltes Fladenbrot

1-2 Päckchen Quark
1 Mozzarellakäse
2-3 Tomaten
1 Knoblauchzehe
3 El Olivenöl
Salz
Pfeffer
1 Fladenbrot (s.o.)

Das Fladenbrot wird quer durchgeschnitten und aufgeklappt. Das Olivenöl mit dem Salz und der gepreßten Knoblauchzehe vermischt. Mit einem Löffelchen oder Pinsel wird das Öl auf beide Brothälften verteilt. Darüber wird auf beide Hälften der Quark gestrichen und vorsichtig gesalzen und gepfeffert. Den Mozzarella in dünne Scheiben schneiden und gleichmäßig auf der untere Hälfte des Fladenbrots verteilen, nochmals etwas salzen und pfeffern. Die gewaschenen Tomaten werden in Scheiben geschnitten, vom harten Stielansatz befreit und auf die Mozzarellascheiben gelegt. Wenn vorhanden, frischen Schnittlauch und etwas Salz und Pfeffer darüberstreuen. Jetzt die Oberhälfte des Fladenbrots darüber legen. Das Ganze kommt auf ein Backblech oder auf eine feuerfeste Platte und wird auf der mittleren Schiene bei 170° 15-20 Minuten erhitzt, bis der Quark und der Mozzarella verlaufen und das Brot kroß wird. Wie eine Torte aufschneiden und warm verzehren.

Wert der Zutaten: ca. 5 DM.

Salz-Pfeffer-Gebäck

Zutaten für etwa 40 Stück:
2 große Eier
4 EL Olivenöl
170 g Mehl
1 1/2 TL Salz
1/2 TL schwarzer Pfeffer, grob gemahlen
2 1/2 TL Backpulver

Die Eier verquirlen, einen halben Eßlöffel davon beiseite stellen. Den Rest mit den übrigen Zutaten sorgfältig vermischen und zu einem glatten Teig verkneten, bei Raumtemperatur 30 Minuten ruhen lassen. Danach auf einer bemehlten Arbeitsfläche dünn ausrollen und mit einem Glas oder einer Ausstechform ca. 5 cm große Kreise ausstechen und auf das eingefettete Backblech legen. Mit dem Rest des Eis bestreichen, im vorgeheizten Ofen bei 190° 12 Minuten backen und zum Aperitif reichen.

Wert der Zutaten ca. 1 DM.

Auf der grünen Wiese

Alles ändert sich, die Innenstädte werden immer schöner, die Einkaufspassagen immer glitzernder, die Läden immer edler ... Auch Aldi ist nicht mehr Aldi. Jedenfalls nicht mehr überall.

Prima, findet Gerda Matzewski, wurde auch Zeit. Bis vor kurzem noch hat sie sich geschüttelt, wenn sie nur an Aldi dachte. Dabei ist sie weiß Gott nicht pingelig. Kann sie sich auch gar nicht leisten mit den paar Mark Arbeitslosengeld, die sie und ihr Mann kriegen. Zum Glück ist ja die Wohnung abbezahlt. Keine Schulden, das ist wichtig. Wenn sie Miete zahlen müßten, oh je. Jedenfalls, bisher hat sie immer Beklemmungen bekommen, wenn sie sich durch die schmuddeligen Aldi-Gänge, das Gedränge an der Kasse und den Kartonwust dahinter kämpfen mußte. Wahrhaftig kein Vergnügen. Doch damit ist zum Glück jetzt Schluß. Fernab vom Stadtzentrum hat die Befreiung von Aldi aus dem selbstverschuldeten Schmuddel stattgefunden. Auf der grünen Wiese, genauer gesagt im Gewerbegebiet, zwischen Möbelmarkt und Autohaus ist Aldi auferstanden aus Kartonwust und Gedrängel. Ihr altes Aldi hat Gerda Matzewski seitdem nicht mehr betreten. Können jetzt die Aldi-Fanatiker hingehen, die erst richtig aufblühen, wenn ihnen von hinten einer die Einkaufskarre in die Achillessehne bohrt, während ihnen von vorne eine Ladung Toilettenpapier Kokett entgegenfällt. Sie hats lieber nett. Jetzt wo sie und ihr Mann soviel Zeit haben, will sie auch ein bißchen Spaß beim Einkaufen haben.

Der neue Aldi sieht aus wie aus einem amerikanischen Film. Wegen der Parkplätze, die es jetzt ringsum gibt. Parkplätze, soweit das Auge reicht und mittendrin, flach wie eine Packung dänischer Doppelrahm-Frischkäse ihr neuer Aldi.

Früher ist sie zu Fuß zu Aldi gegangen. Jetzt muß sie das Auto nehmen. Endlich haben auch die Kartons einen Sinn. In die packt sie das ganze Zeug und ab damit in den Kofferraum. Praktisch, das. Was nützt einem sonst ein Sonderangebot O-Saft, wenn man es nicht palettenweise abschleppen kann? Ein, zwei Liter kaufen und 18 Pfennig dabei sparen? Da fragt sie sich doch, wo das ein Schnäppchen sein soll.

Früher hat sich Gerda Matzewski aufgeregt über die Alten, die vor der Kasse standen und stundenlang im Portemonnaie kramten. Im neuen Aldi gibts kein »Frollein, ich guck mal, ob ichs klein habe« mehr. Es gibt auch keine Alten mehr. Wie sollten sie auch hierhin kommen? Ohne Auto kein Aldi. Da hätte man gerne mal gewußt, ob Theo und Karl das so gewollt haben? Ist es ihnen, die selbst längst nicht mehr die Jüngsten sind, egal, wie die treue Stammkundschaft zu ihnen kommen soll ohne eigene Limousine und Chauffeur? Sollten die Gebrüder Albrecht den Einflüsterungen geldgieriger Marketingstrategen erlegen sein, die Senioren herzlos Kukidents nennen und ihnen den Bergdoktor und das Glücksrad nehmen zur Strafe für die Treue, mit der sie aller Werbung widerstehen und stur ihre alten Marken kaufen? Das Durchschnittsalter der Aldi-Kundschaft hat sich durch den Umzug auf die grüne Wiese jedenfalls gesenkt, hat Gerda Matzewski bemerkt. Zum Glück aber nicht ganz nach unten. Was hat sie sich oft geärgert über die Schülerhorden, die lärmend durch die Gänge zogen auf der Suche nach Limo und Süßkram. Noch schlimmer, die Punks, die sich bei Aldi mit Bier eindeckten. Bei allem Verständnis für die Jugend, das ging ihr zu weit. Letzten Sommer hat sie sich sogar einmal bei der Kassiererin beschwert. Erst hier drinnen Bier kaufen und dann draußen rumlungern und die Kunden anbetteln. Hasse ma ne Mark? Sie, Gerda Matzewski, hatte keine Mark, schon gar nicht für solche. Obwohl, als ihr damals die Alditüte hingefallen war und die Dosen über den Bürgersteig kullerten, war es so ein Grünhaariger mit Schäferhund, der ihr alles wieder eingesammelt hatte. Und die Mark hat er dann auch nicht annehmen wollen. Wie gesagt, auch da gibts solche und solche.

Auf die grüne Wiese kommen die Punks jedenfalls nicht mehr. Auch Schüler sind hier nicht mehr zu sehen. Dafür junge Familien mit Kleinkindern. Die Kleinkinder schreien oft, weil sie nicht vorne in die Einkaufskarren gesteckt werden wollen. Sie wollen lieber frei umherlaufen und ein bißchen in den Kartons wühlen. Kevin, laß das, wird so ein neugieriges Kind gerade zur Ordnung gerufen. Kevin, du kommst ohne Essen ins Bett, wenn du jetzt nicht parierst. Den angesprochenen Knaben schreckt die mütterliche Drohung nicht. Was interessiert ihn Abendessen? Er hat eine Packung Butterkekse knacken können und macht sich jetzt über den Inhalt her.

Kevin, du kriegst sie gleich, ruft die Kindesmutter. Ihr Gesicht läßt keinen Zweifel daran, daß sie etwas anderes im Sinn hat, als die Kekse.

Kevin! Läßt du wohl ...! Der Nachwuchs hält triumphierend eine himmelblaue Schachtel hoch, auf deren Vorderseite eine Sahnetorte prangt. Eine Sommertorte, kennen Sie das noch? fragt Gerda Matzewski. Gab es vor vielen Jahren schon mal.

Meine Oma backt im Kühlschrank eine Torte, beginnt die junge Mutter zu singen. Eine Tooorte, summt Gerda Matzewski den Refrain mit. Kevin, der gerade dabei war, dem Inhalt der Sahnetortenpackung auf den Grund zu gehen, hält inne. Verwundert lauscht er dem kleinen Duett. Doch kaum ist der letzte Ton verklungen, kommt die Mutter auch schon wieder ihrer elterlichen Aufsichtspflicht nach. Gibst du das wohl her, Burschi? Das Burschi denkt nicht daran. Es hatte die Packung zuerst. Wenn du nicht sofort losläßt, Kevin ... Die Mutter grapscht nach der Sahnetortenpackung und zieht. Mit dem reißenden Absatz von Sommertorten, den die Backmittelindustrie seit kurzem beobachtet, hat das kleine Familienduell, dessen Zeugen wir hier werden, nichts zu tun. Kevins kleine, starke Kinderfaust hätte genausogut eine Zitronenkuchenbackmischung umklammern können, obwohl die nun gar nicht mehr im Trend liegt, wie die Gesellschaft für Konsumforschung betont. Marmor-, Nuß- und Zitronenkuchen, zäh wie Rührteig kleben sie im Regal. Die deutsche Hausfrau backt im Kühlschrank Schwarzwälder Kirsch, Schoko-Sahne und Eierlikörtorten – was sie vor einem Vierteljahrhundert noch hartnäckig verweigert hat. Oder sie backt amerikanisch. Brownies, Muffins und Cookies. Gerda Matzewski sagt, sie backt am liebsten traditionelle deutsche Kuchen. Apfelrahm zum Beispiel oder Kirschstreusel. Damit liegt Gerda Matzewski genau im Trend, wissen die Konsumforscher. Wer keine Sommertorte, keine Cookies mag, greift zu altdeutschen Kuchen und Torten. So gesehen verkörpert Gerda Matzewski die Avantgarde. Obwohl sie das in ihrem Alter nicht mehr nötig hat.

Dickmann's-Torte

1 Früchteboden
2 Pakete Quark (mager, 500g)
1 Paket Riesen-Dickmann's
2 EL Zucker
1/2 Zitrone (Saft)
1 Päckchen Sahne (200g)
1 Päckchen Sahne-Quick
Schokosahne zum Verzieren

Den Quark mit dem Zucker und dem Zitronensaft verrühren. Die Waffelböden von den Dickmann's entfernen. Den Dickmann's-Schaum grob zerkleinern und unter die Quarkmassen rühren. Die Sahne nach Anweisung mit Sahne-Quick steif schlagen und unter die Quarkmasse ziehen. Jetzt die Masse kuppelartig auf den Früchteboden auftragen und glatt streichen. Zum Schluß mit der Schokosahne aus der Sprühdose schön verzieren und eine Weile kaltstellen.
Wert der Zutaten: ca. 6,80 DM.

Elsässischer Gugelhupf

500 g Mehl
1 Päckchen Trockenhefe
75 g Zucker
10 g Salz
2 Eier
200 g Butter
200 ml Milch (knapp 1/4 l)
100 g Rosinen
50 g gehobelte Mandeln
1/2 Tasse Puderzucker

Das Mehl mit der Hefe und dem Zucker vermischen. Die Butter in der Milch schmelzen. Die Eier und die lauwarme Milch-Butter-Gemisch vorsichtig mit dem Mehlgemisch verrühren, Salz zugeben und den Teig so lange schlagen, bis er Blasen wirft. An einem warmen Ort so lange gehen lassen (1/2–1 Stunde), bis sich sein Volumen verdoppelt hat. In der Zwischenzeit die Rosinen waschen und in warmem Wasser ziehen lassen, so daß sie gut aufquellen können. Jetzt eine Gugelhupfform dick mit Butter sorgfältig ausstreichen und mit den Mandelplättchen auskleiden. Den gut aufgegangenen Teig durchkneten, die abgetropften und mit Küchenkrepp getrockneten Rosinen unterrühren und das Ganze in die Gugelhupfform füllen. Noch einmal 15 Minuten gehen lassen und bei 200° auf der unteren Schiene 45 Minuten backen. Nach 20 Minuten Backzeit den Kuchen mit Pergamentpapier abdecken, damit die Oberseite des Teiges nicht zu dunkel wird. Kurz vor Ende der Backzeit mit einer Stricknadel prüfen, ob der Teig gut durchgebacken ist. Kuchen abkühlen lassen und mit Puderzucker bestreuen.

Dieser Kuchen schmeckt sehr gut zu Rotwein, aber noch besser zu einem trockenen Gewürztraminer.

Wert der Zutaten: ca. 4,10 DM.

Versunkene Apfeltorte

125 g Butter oder Margarine
125 g Zucker
1/2 *abgeriebene Schale einer Zitrone (ungespritzt)*
2–3 Eier
200 g Mehl
1/2 Päckchen Backpulver
1 Prise Salz
1/2 kg (= ca. 3 mittelgroße) Äpfel
2 El Aprikosenmarmelade (Früchtelinchen)

Butter und Zucker schaumig rühren, Zitronenschale zugeben und nach und nach die Eier unterrühren. Das Mehl mit dem Backpulver und dem Salz vermischen und unterrühren. Den Teig in eine gefettete Springform geben. Die Äpfel schälen, in schmale Spalten schneiden, Kerngehäuse entfernen und vom Rand her dicht an dicht ringförmig mit der dicken Seite nach unten in den Teig stecken. Bei 180° auf der mittleren Schiene ca. 30 Minuten backen.

Die Aprikosenmarmelade auf dem noch heißen Kuchen vorsichtig verstreichen, am besten mit einem Backpinsel.

Wert der Zutaten: ca. 4,30 DM.

Mit Liebe gebacken

Warum backt der Mensch Kuchen? Was mag Frauen und Männer millionenfach jeden Tag dazu treiben, Butter, Zucker, Eier, Mehl und diverses andere schaumig zu rühren, zu verkneten, ruhen zu lassen, gehen zu lassen, in den Ofen zu schieben, mit Puderzucker zu bestäuben, mit Glasuren zu übergießen und mit Sahne zu bestreichen? Wir wissen es nicht. Am Hunger kann es jedenfalls nicht liegen. Den stillt der Mensch, zumindest der deutsche Mensch mit Brot. Fast ein halbes Pfund ißt er täglich, schreibt die Rheinische Post pünktlich zur Internationalen Backausstellung. Im Durchschnitt. Macht ungefähr drei Scheiben Brot und ein Brötchen pro Kopf und Tag. Genug um satt zu werden. Warum also Kuchenbacken? Weil Kuchen besser schmeckt als Brot. Dämliche Frage überhaupt, findet Melanie Stump. Ihre Mutter backt jeden Samstag eine Torte. Weil am nächsten Tag Sonntag ist, weil es sonntags Kaffee und Kuchen gibt. Sie, die Melanie, findet das spießig, nicht den Kuchen, das hat die Mutti total gut drauf, aber dieses Kaffeetrinken. Als sie noch zu Hause gewohnt hat, fand sie es echt ätzend. Jetzt, wo sie die eigene Wohnung hat, kommt sie ganz gerne und setzt sich dazu. Sieht man sich wenigstens einmal in der Woche. Sie selbst backt nur, wenn ihr danach ist. Wenn sie richtig schlecht drauf ist, backt sie. Am liebsten irgendwas mit Schoki. Und wenn sie richtig gut drauf ist, backt sie auch. Dann meistens was mit Obst. Am liebsten probiert sie immer was Neues aus. In der Zeitung sind manchmal Rezepte. Die sammelt sie in einem extra Ordner.

Nicht zu glauben, was sie alles gebacken hat, als sie noch mit Mario zusammen war. Und erst recht, als mit Mario Schluß war. So eine Art Trauerbacken war das, kann sie aus heutiger Sicht sagen. Mußte sie irgendwie verarbeiten, daß der Kerl so einfach mir-nichts-dir-nichts aus ihrer Wohnung ausgezogen ist! Obwohl sie ja froh sein konnte. Immer nur Autos, Autorennen, Autozubehör, Autogespräche mit Autofreunden. Am Wochenende Nürburgring, Hockenheimring und einmal sogar Monza. Oder Boxenstop von der Glotze aus. Primatenniveau, aber das hatte sie damals irgendwie nicht geblickt. Bis er eben ... Aus lauter Frust hat sie sich erstmal in die Weihnachtsbäckerei gestürzt. Zimtsterne, Heidesand, Spekulatius, Lebkuchen, das ganze Sortiment. Sie selbst hat kein Stück davon gegessen, immer nur gehofft, daß es an der Tür klingelt... aber nicht mal angerufen hat er. Schließlich hat sie ihm einen großen Karton gemacht mit allem, was er noch in der Wohnung rumstehen hatte. Und obendrauf eine Tüte mit Printen. Steinhart. Hoffentlich hat er sich die Zähne daran ausgebissen. Gehört hat sie jedenfalls nichts mehr von ihm. Jetzt hat sie nur noch das teure Duftwasser, das sie ihm geschenkt hat, im Badezimmer rumstehen. Wäre ja auch noch schöner gewesen, wenn er *ihr* Geschenk benutzen würde, um bei anderen Schnepfen gut zu riechen. Hat sie es lieber behalten. Auch wenn es jetzt nutzlos ist, weil männlich herb riechend.

Ob Melanie Stump nicht gewußt hat, daß Aldi ihr diesbezüglich Ärger und Kosten hätte ersparen können? »One for two« heißt der »Duft für Sie und Ihn«, der nicht nur »einzigartig«, sondern auch »frisch, würzig, markant« ist. Im Zeitalter wackliger, jederzeit vom Zerkrachen bedrohter Beziehungskisten eine pfiffige Idee, der Duft für Sie und Ihn, der nicht nur olfaktorische Gemeinsamkeiten schafft, sondern auch nach dem Ende derselben wahlweise in Ihrem oder Seinem Bad stehen bleiben kann. Kein flüchtiger Duft also, gleichwohl einer mit Sternchen, was bedeutet, daß er nur vorübergehend im Sortiment ist.

»One for two« – was soll sie jetzt im

Moment damit? Melanie Stump zögert. Mehl braucht sie, Rosinen, Vanillinzucker, Kaffee – was man unbedingt im Haus haben muß. Sie ist froh, wenn sie überhaupt mit dem Geld hinkommt, hat eben erst gemerkt, daß sie gleich noch was am Automaten ziehen muß. Außerdem, ob das was mit Olli wird, ob sie demnächst einen Duft für Sie und Ihn braucht, kann sie jetzt noch nicht sagen. Obwohl der total süß ist, der Olli. Gut, daß er ein bißchen wortkarg ist, ist schade. Aber gibt es halt, so Menschen, die so ein bißchen still sind. Dafür redet *sie* ja. Und daß er sich so für Fußball interessiert, ist zwar nervig, aber irgendwie immer noch besser als nur für Autos. Aber ist schon komisch, daß sie immer nur an Sportfanatiker gerät. Melanie Stump hat von Sport keine Ahnung. Ist ihr schnurzpiepegal, wer Tabellen-Erster ist, wer nicht. Ollie findet das dagegen super-wichtig. Letzte Woche, als sie zusammen beim Auswärtsspiel gewesen war, hat er den ganzen nächsten Tag keinen Ton mit ihr geredet, nur immer was von Abstieg gemurmelt. Hat sie ihm einen Kuchen gebacken. Zum Trost. Mit einem kleinen Fußball aus Marzipan oben drauf. Liebe geht durch den Magen hat er da gesagt. Echt süß. Vielleicht wirds ja was mit Olli.

Cantuccini

250 g Mehl
180 g Zucker
1 Tl Backpulver
2 Päckchen Vanillinzucker
2 Eier
1/2 Fläschchen Bittermandelöl
25 g weiche Butter
200 g ganze, ungeschälte Mandeln

Alle Zutaten vermischen und zu einem Teig verkneten. 1/2 Stunde kalt stellen. Dann aus dem Teig 6 Rollen von ca 3–4 cm Durchmesser formen und bei 180° auf der mittleren Schiene 10–15 Minuten backen. Die Rollen abkühlen lassen. Schräg in 1 cm dicke Scheiben schneiden. Mit der Schnittstelle auf das Backblech legen und nochmals 8–10 Minuten goldgelb backen.

Wert der Zutaten: ca. 3,60 DM.

Aldi Jahre wieder

Also, unglaublich ist das. Draußen scheint die Sonne heiß vom dunkelblauen Himmel, 18 Grad sinds locker über den Daumen gepeilt, und was haben wir hier drinnen? Weihnachten. Zwischen Olivenöl und Joghurt drängeln sich auf einmal Lebkuchen, Stollen und Spekulatius und verbreiten im sonst so nüchternen Aldi eine erste Ahnung kommender Festlichkeiten. Zwei junge Mütter haben ihre Buggys vor dem ofenfrisch verpackten Gebäck geparkt.

Abartig. Jedes Jahr fangen sie früher damit an.

Letztes Jahr hatten sie aber auch schon um die Zeit Weihnachtsgebäck.

Ich könnte das jedenfalls jetzt noch nicht runterkriegen. Bei der Hitze.

Obwohl, die schmecken ja gut, besonders die Lebkuchen.

Aber doch jetzt noch nicht! Die Kinder kommen ganz durcheinander mit den Jahreszeiten. Find' ich jedenfalls nicht gut aus pädagogischen Gründen. Könntest du die etwa jetzt ...?

Jetzt sind sie noch ganz frisch.

Meinst du, die sind alt, wenn ich die in sechs Wochen kaufe?

Nee, kann ich mir eigentlich auch nicht vorstellen. Apropos frisch, weißt du, was die Weihnachtsmänner in Wirklichkeit sind?

Was?

In Wirklichkeit sind das Osterhasen.

Glaub' ich nicht: Osterhasen. Säh' man doch sofort.

Eben nicht. Ist dir mal aufgefallen, daß die so komische Mützen aufhaben?

Nikolausmützen.

Nein, Hasenohren sind das.

Kann doch gar nicht. Unter der Mütze?

Herrjeh, nein. Die Ohren *sind* die Mütze. Nur anders eingewickelt. Mit Nikolauspapier.

Verstehe ich nicht. Sind dann die

Osterhasen auch in Wirklichkeit Weihnachtsmänner?

Sag ich doch. Und die Weihnachtsmänner sind Osterhasen.

Also, man weiß bald wirklich nicht mehr, was man noch glauben soll. Auf jeden Fall: ich kaufe jetzt keine Weihnachtsplätzchen. Ist doch pervers: in T-Shirts rumsitzen und Lebkuchen essen.

Mmmh.

Eigentlich müßte man das verbieten.

Weihnachtsplätzchen?

Um die Zeit jedenfalls. Also, ich kauf das eigentlich sowieso *nie*. Wir backen selbst, die Kinder und ich. Für mich gehört das irgendwie zu Weihnachten. Ich brauche das, den Plätzchenduft in der Wohnung. Erinnert mich an meine Kindheit. Für mich ist erst Weihnachten, wenn ich Plätzchen gebacken habe.

Aber immer die Hetze vor Weihnachten. Ich finde das total stressig. Vor allem mit den Kindern. Und dann die Küche, wie die hinterher –

Ja, voll der Streß. Aber für die Kinder ist das total wichtig. Für später. Sonst haben die ja keine Erinnerung an die Weihnachtszeit.

Bei mir hat der Tobias einmal eine ganze Tüte Mehl ausgekippt. Hinter den Kühlschrank.

Oh nein, du Arme. Also, ich wär' richtig traurig, wenn die Johanna eines Tages keine Lust mehr zum Plätzchenbacken hätte. Obwohl, ich würde auch alleine backen. Für mich.

Na ja –

Doch.

Komisch, daß man nur Weihnachten Plätzchen backt.

Ist eben Tradition. Tun doch alle.

Und dann wo man hinkommt: überall selbstgebackene Plätzchen. Mir kommen sie nachher immer schon aus den Ohren raus.

Also, weißt du was? Ich verwahre die dann. Am besten schmecken die mir sowieso *nach* Weihnachten.

Friesenkekse

250 g Mehl
120 g Butter
140 g Zucker
1 Päckchen Vanillinzucker
1 Ei
1 Eiweiß
2 *El Hagelzucker*

Das Mehl mit dem Zucker und dem Vanillinzucker vermischen. Die Butter in Flöckchen darüber verteilen. Das Ei in eine Mulde geben, schnell mit den Fingern zu einem Mürbeteig verkneten und 1/2–1 Stunde kaltstellen. Dann wird aus dem Teig eine Rolle geformt und in ca. 3 mm dicke Scheiben geschnitten. Die Kekse werden auf der mittleren Schiene bei 180° goldgelb gebacken. Noch heiß wird der Rand der Kekse mit verquirltem Eiweiß bestrichen und zum Schluß mit Hagelzucker bestreut.

Wert der Zutaten: ca. 2,50 DM.

Vanillekipferln

300 g Mehl
200 g Butter
150 g geriebene Mandeln
100 g Zucker
2 Eigelb
zum Wenden:
100 g Puderzucker
6 Päckchen Vanillinzucker

Das Mehl mit den Mandeln und dem Zucker vermischen. Die Eigelbe in eine Mulde geben, die Butter in Flöckchen darüber verteilen und mit den Händen schnell zu einem Mürbeteig verkneten. 1/2–1 Stunde kalt stellen. Mit den Händen werden kleine Hörnchen (Kipferln) geformt, auf ein mit Backpapier belegtes Blech gelegt und auf der mittleren Schiene 10–15 Minuten bei 180° gebacken. Die Kipferln noch warm in einem Gemisch aus Puderzucker und Vanillinzucker wenden.

Wert der Zutaten: ca. 4,20 DM.

Mailänder Plätzchen

250 g Butter
240 g Zucker
3 Eier
1 Prise Salz
1 Zitrone (Schale, gerieben und ungespritzt)
500 g Mehl
1–2 Eigelb

In einer Schüssel erst die Butter geschmeidig rühren. Dann Zucker und nach und nach die Eier, das Salz und die Zitronenschale zugeben und so lange rühren, bis eine schaumige Masse entsteht. Das Mehl darüber sieben. Alles zu einem Teig rühren und 1–2 Stunden kalt stellen. Dann den Teig auf einem mit Mehl bestreuten Brett 7 mm dick ausrollen, ausstechen und die Plätzchen auf ein mit Backpapier ausgelegtes Blech setzen. Das Eigelb mit etwas Wasser verquirlen und die Plätzchen *zweimal* mit dem Eigelb bestreichen.

Auf der mittleren Schiene bei 200° ca. 10 Minuten backen.

Wert der Zutaten: ca. 4,30 DM.

Mutter Martha

So ein Verwandtenbesuch am Samstagnachmittag: eine heikle Angelegenheit. Vor allem, wenn es sich bei den Verwandten um die »andere« Seite handelt, die bisher noch gar nicht in Erscheinung getreten ist. Jene, die erst mal abgewartet hat, ob sich da »was Ernstes« anbahnt und die es nun an der Zeit findet, aus der Deckung zu kommen und zu überprüfen, mit wem der Sohn sich da verbandelt hat.

Wie bereitet man einen solchen Besuch, der augenscheinlich Test-Zwecken dient, am besten vor? Soll man glauben, daß die Verwandtschaft, die vorläufig noch gar keine richtige, jedenfalls nicht die eigene ist, keine Umstände wünscht? Was bedeutet es, wenn mittelalte Damen telefonisch ankündigen, daß sie und der Vati nur auf ein Tässchen Kaffee vorbeikommen und spätestens, *aller*-spätestens um sieben wieder zu Hause sein wollen, weil sie dann mit dem Hund raus müssen? Backen wir eben einen Kuchen und fertig, rät der Liebste. Ja, guck mal an, da wäre man ja selbst nie drauf gekommen.

Stachelbeeren in Baiser-Törtchen, Frankfurter Kranz, Prinzregententorte. Das Backbuch meint es gut, kennt aber nicht die Gefahren, die ersten zarten Familienbanden durch zerbröseltes Baiser und verbrannten Krokant drohen. Auch die eigene Mutter weiß keinen Rat, außer dem, sich auf keine Experimente einzulassen. Außerdem findet sie den Aufstand, den die Tochter da macht, völlig übertrieben. Sie jedenfalls würde so einen Schwiegertochter-TÜV nicht mitmachen, in der heutigen Zeit schon gar nicht mehr.

Aldis Mutter sieht das ganz anders. Sie läßt sich nicht lange bitten, wenn des Backens unkundige Töchter ihre Hilfe brauchen. Aldis Mutter heißt Martha. Mutter Martha bietet keine modischen Mon-Chérie-Torten, sondern altdeutschen Apfel-Rahm-Kuchen und Rahm-Obst-Kuchen an, fertig abgewogen und gemischt, kann nichts schief gehen. Dazu Rupfkuchen, der trotz seines eigenartigen Namens schön gleichmäßig rund aussieht, jedenfalls auf der Packung. 2,59 kosten Mutter Martha's Kuchen, fast eine ganze Mark billiger als die deutsche, süße Durchschnittsbackmischung. Und die ist schon so billig, daß einem die Hersteller fast leid tun können. 1993 bekamen sie im Durchschnitt noch 3,52 pro Packung, jetzt gerade mal 3,40, hat die Gesellschaft für Konsumforschung beobachtet. Und wer ist Schuld daran? Der Aldi mit seinen Billigmischungen. Und nicht nur daß er die Preise gnadenlos drückt: kaum hat der Marktführer eine neue Kuchenidee und »Man nehme ...« gemurmelt, hat Aldi schon dieselbe oder fast dieselbe Kuchenmischung fix und fertig im Regal stehen. Was Dr. Oetker kann, kann Mutter Martha schon lange.

Und dann gibts bei Aldi heute neu das Insektenschutz-Netz für das Fenster. Nimmt die werdende Schwiegertochter doch gleich mit. Wäre doch peinlich, wenn die Verwandtschaft in spe Bienenstich statt Martha's Apfel-Rahm bekäme. Ein »Balkon- und Terrassensortiment« bietet Aldi ebenfalls an. Kann doch nicht sein. Ist auch nicht. Bei aller Bescheidenheit: da hat Aldi mächtig übertrieben. Oder war es die Sorge um die orientierungslose Kundin, der man in einfachen, knappen Worten erklären muß, wohin sie die »blühende Pracht, ca. 90 cm hoch, mit Krone oder in Pyramidenform« stellen soll?

Halbleinen-Geschirrhandtücher für 4,98 je 3er-Packung hat Aldi diese Woche dann auch noch im Angebot. Für den Abwasch danach. Auch daran muß man denken. Vielleicht sollte die Kundin auch noch den Bodenreiniger mit der bewährten Staubbinde-Faser für nicht mal 10 Mark mitnehmen. Kuchen macht Krümel. Aber was ist jetzt erstmal eine Staubbinde? Überhaupt, dieser ganze Aufwand für die zukünftige Verwandtschaft. Sie ist froh, wenn endlich Samstag abend ist und alles vorbei und sie und der Liebste wieder allein. Was haben sie denn da? Einen ganzen Stapel Damen-Nachthemden. Unterschiedliche Modelle, teils mit feinen, dekorativen Spitzeneinsätzen. Na, wenn das nichts ist. Für 17,98. Aus Single-Jersey.

Sandkuchen

5 Eier
250 g Zucker
1 Päckchen Vanillinzucker
1/2 Zitrone (abgeriebene Schale, ungespritzt)
1 Prise Salz
125 g Mehl
125 g Speisestärke
170 g Butter
1/2 Tasse Puderzucker

Die Eier mit dem Zucker, dem Vanillinzucker, der Zitronenschale und dem Salz im warmen Wasserbad schlagen. Die Eimasse aus dem Wasserbad nehmen und so lange schlagen, bis sie kalt ist. Jetzt das Mehl mit der Speisestärke darüber sieben und unterziehen. Die Butter schmelzen lassen und warm, aber nicht heiß, unter den Teig ziehen. Den Teig in eine 30 cm lange, gefettete Kastenform füllen und glattstreichen. Bei 190° auf der unteren Schiebeleiste 40–45 Minuten backen. Nach 40 Minuten mit einer Stricknadel prüfen, ob der Teig gar ist. Wenn Teig an der Nadel haften bleibt, den Kuchen weitere 5 Minuten backen und noch einmal die Probe machen, bevor man den Kuchen aus dem Backrohr nimmt. Den Kuchen aus der Form stürzen, auf einem Gitter abkühlen lassen und mit dem Puderzucker bestreuen.

Wert der Zutaten: ca. 3,90 DM.

Einfacher Bienenstich

für den Teig:
1 Tasse Sahne
1 Tasse Zucker
2 Tassen Mehl
4 Eier
1/2 Päckchen Backpulver
1 Päckchen Vanillinzucker
1 Prise Salz

für den Belag:
100 g Butter
4 El Milch
1 Tasse Zucker
1 Päckchen Vanillinzucker
200 g gehobelte oder gehackte Mandeln

Die Sahne, den Zucker, den Vanillinzucker, die Prise Salz und 4 Eier schaumig rühren. Das Mehl mit dem Backpulver vermischen, über die Eiermasse sieben und verrühren. Damit der Teig nicht vom Blech läuft am vorderen Blechrand mit Alufolie einen Rand legen. Teig auf das gefettete und ausgelegte Blech streichen. 15 Minuten auf der mittleren Schiene bei 180° backen.

In der Zwischenzeit für den Belag Butter, Zucker, Vanillinzucker, Milch und Mandeln in einen Topf geben. Die Zutaten werden aufgekocht, bis die Mandeln glasig werden und die Milch aufgesogen ist. Nach den 15 Minuten den Kuchen aus dem Backofen nehmen, mit dem Belag bestreichen und nochmal 15 Minuten weiterbacken.

Wert der Zutaten: ca. 4,60 DM.

www.backen

Wohin wendet sich der Mensch, wenn ihn Sorgen drücken? Früher vertraute er sich dem besten Freund an. Oder Frau Irene. Wenns ganz schlimm kam, ging er zu Sonja, Vera, Ilona oder Hans Meiser und sagte: »Hilfe, meine Frau will einen Jüngeren« oder »Mein Sohn ist ein Schoko-Junkie«. Heute geht der Mensch ins Internet. Kein Casting, keine lange Anreise, keine Was-ziehe-ich-an-wenn-ich-ins-Fernsehen-komme-Qual – ein einfaches Modem genügt und schon kann man fragen, was man immer schon wissen wollte. Zum Beispiel: »Wie mache ich für meinen Mann eine Donauwelle?« oder »Meine Freundin will Rübli-Torte. Wer kann mir helfen?« Ganz gemütlich von zu Hause aus, in Jogginganzug und Schluffen. Niemand bleibt ohne Antwort. Weder Astrid aus Mainz, die wissen will, wie man Berliner macht, noch die namenlose Internetkollegin, die sich einen Amerikaner backen will. Nur der junge Mann, der nach Mascarpone sucht, weil er derartiges »hier« nicht auftreiben kann, sein Hilferuf verhallt ohne Antwort, da niemand weiß, wo »hier« im weltumspannenden elektronischen Netz ist. Ein bißchen präziser hätte man es dann doch gerne. Auch weil das unsere Hilfsbereitschaft stärkt. Wie im Fall von Uwe, der für seine Tochter ein Kaiserschmarren-Rezept sucht. Würde uns ja völlig kalt lassen, aber Uwe schreibt, daß er mit seiner Tochter in Österreich war mit – man höre – zwei Schulklassen, zur Skifreizeit. Nur zu gut können wir uns das Opfer vorstellen, das Uwe da gebracht hat. Eine Horde kreischender Schulkinder auf die Pisten zu begleiten, beim Essen zu bewachen, ein Alptraum. Wie muß Uwe aufgeatmet haben, als es mittags Kaiserschmarren in der Herberge gab. Kein »Bäh, mag ich aber nicht«, kein Werfen mit Frikadellen, sondern friedliches, gleichmäßiges Schmatzen. Wir stellen uns Uwe vor, wie er, zurückgekehrt aus den Bergen, verzweifelt Kochbücher wälzt. Draußen brüllt die Tochter. Sie mag seine Pizza nicht mehr, auch kein Schnitzel, kein Fischstäbchen. Sie will Kaiserschmarren, so wie in der Skifreizeit, und zwar sofort. Uwes Schicksal rührt uns, wir suchen mit, viele suchen mit. Die Antwortliste im Internet ist lang, und wir sind beruhigt. Vor unserem inneren Auge sehen wir Uwe, wie er freudestrahlend Kaiserschmarren zubereitet. Jeden Tag ein anderes Rezept.

Auch Fritz rührt die Herzen der backenden Internetgemeinde. Sein Käsekuchen fällt jedesmal »wie eine platte Flunder in sich zusammen«. Jetzt suchen er und seine Frau dringend Hilfe. Eiweiß steifschlagen und unterziehen, raten die einen. Die anderen sind dafür, Puddingpulver zu nehmen oder so lange zu backen, bis Fritz mit der flachen Hand auf den Kuchen schlagen kann, ohne daß er zusammenfällt. Ein Fatalist rät, die Sache einfach so zu akzeptieren wie sie ist. Und dann hat da noch einer einen sehr lustigen Einfall. Mit einem Drahtgestell absichern und eventuell ein bißchen Fliesenkleber benutzen, rät dieser heitere Mensch. Ob Fritz darüber lachen kann? Wir können es uns nicht vorstellen.

Kasimir sucht »unbedingt« des Meisters Nußeckenrezept und haucht ein »Danke – ich hab' euch lieb« ans Ende seiner Nachricht. Ja, Kasimir, hat er denn Knöpfe auf den Augen? Guildos Nußecken-Rezept steht doch schon längst groß und breit im Internet. Noch mal richtig nachschauen, ermahnt Ulrike S. mit mütterlicher Strenge. Ulrike S. ist die unsichtbare Herrscherin in der Internet-Backecke. Kein Rezeptwunsch, den sie nicht beantworten könnte. Ob Hippen-Rolle, Quarkkeulchen oder Brombeerkuchen gesucht werden, Ulrike S. antwortet sofort. Immer kompetent, immer sachlich. Oft mehrmals hintereinander, wie etwa jenem naschhaften Pierrot, der ein Plätzchenrezept für Diabetiker aus Vollkornmehl sucht. Vielleicht hat gerade vor einer halben Stunde seine Nebennierenrinde die Insulinproduktion eingestellt, jedenfalls sucht er jetzt »ganz eilig«. Gleich viermal bekommt er Post von Ulrike S. Unermüdlich sorgt sie für die backfreudige Internetgemeinde. Auch Oli, der in etwas eigenartiger Logik von sich schreibt »ich bin männlich und suche trotzdem Backfreunde und neue Rezepte zum Backen« bleibt nicht ohne Antwort von Ulrike S. Wir können nur hoffen, daß Oli soviel Fürsorge zu würdigen weiß. Oder fällt er auf Minka herein? Die foppt die Internetgemeinde mit ihren Anworten, die keine sind. Schreibt dem Backfan, der verzweifelt nach dem Huckelkuchen-Rezept sucht: »Ja, ich kenne das Rezept.« Ätsch. Oli antwortet sie, ja, sie habe auch Lust zum Backen, »wo ich deine e-mail gelesen habe.« Wir wissen nicht, für wen Oli sich entscheidet, für Ulrike, die Treusorgende oder für die kecke Minka. Wir werden es vielleicht nie erfahren. Was wir nur sehen: im Internet gehts zu wie im richtigen Leben. Hier wie dort sind die Menschen undankbar. Ganze zwei Antworten bekommt Ulrike S., die Hilfsbereite, auf ihre zugegebenermaßen etwas unmäßige Bitte hin, ihr Rezepte für Marstorte, Milky-Way-Torte, Honduras-Torte, Rauhreiftorte, E.T.-Torte, Trümmer-Torte und Verdunklungskuchen zu verraten. Aber vielleicht entdeckt Ulrike S. ja noch das Rezept des »Chefkochs« auf ihren ruhelosen Wanderungen durch das Netz. Dessen Spezialität ist die Milky-Way-Torte. Er bereitet sie aus »Mürbeteik« und zwei Bechern Milky Way zu. Ganz einfach, gelinkt immer, liebe Ulrike S.

Rüblitorte

200 g Karotten
7 Eigelb
5 Eiweiß
1 Gläschen Kirschwasser
300 g Zucker
150 g geschälte und geriebene Mandeln
150 g geriebene Haselnüsse
Schale einer halben Zitrone
50 g Semmelbrösel
50 g Mehl
1 Tl Backpulver
1 Prise Salz

Eiweiß mit 100 g Zucker steif schlagen, Mandeln, Haselnüsse und Zitronenschalen fein reiben, Karotten raffeln. Eigelb und 200 g Zucker schaumig schlagen. Mandeln, Haselnüsse, Zitronenschale und Karotten dazugeben und unterrühren. Mehl mit Backpulver, Semmelbrösel und Salz vermischt dazugeben und unterrühren. Den Teig zu dem geschlagenen Eiweiß geben. Mit dem Spachtel von Hand vorsichtig unterheben. Die Masse in eine gefettete Springform geben und bei 200° etwa 50 Minuten backen.

Nach Erkalten mit Zitronenglasur (aus 200 g Puderzucker und je 2 EL Zitronensaft und Kirschwasser) überziehen.

Wert der Zutaten: ca. 7,30 DM.

Käsekuchen

1 kg Magerquark (4 Päckchen)
125 g Butter oder Margarine
250 g Zucker
3–4 Eier (je nach Größe)
1 Päckchen Vanillinzucker
1 Päckchen Backpulver
40 g Speisestärke (4 El) oder *1 Päckchen Puddingpulver*
2 El Grieß
40 g Rosinen (in warmem Wasser eingeweicht)
1 Zitrone (Saft und Schale) ungespritzt und gerieben

Butter, Zucker und Vanillinzucker schaumig rühren, nach und nach die Eier einrühren. Dann die Zitronenschale, Speisestärke, Grieß und Backpulver hinzufügen. In diesen Teig die gut trockengetupften Rosinen und den Quark einarbeiten. Eine Springform mit Fett bepinseln, mit etwas Grieß ausstreuen und den Teig einfüllen. Bei 180° auf mittlerer Schiene 1 Stunde goldgelb backen. Gegebenenfalls nach 20 Minuten mit Pergamentpapier abdecken, um zu vermeiden, daß die Oberseite verbrennt.

Wert der Zutaten: ca. 5,40 DM

Restlos

Schluß jetzt mit dem süßen Leben. Genug gemampft. Jetzt wird gefastet. Eine neue Arbeitswoche liegt vor uns. Und hinter uns der Kühlschrank, voll mit Schwarzwälder Kirsch. Eine Versuchung, um die wir einen Bogen machen werden. Doch, das haben wir uns vorgenommen. Ganz fest. Zumindest bis morgen. Ja, wir geben es zu, daß unsere Selbstbeherrschung nun auf eine so harte Probe gestellt wird, das haben wir uns selbst eingebrockt. Gestern bei Stumps gewesen. Kleiner Kaffeeklatsch, ganz zwanglos. Wär' doch nett, ganz spontan, hatte Frau Stump gesagt, einfach so. Sie würde sich freuen. Die Melanie kommt auch auf einen Sprung, mit dem neuen Freund. Ganz reizender junger Mann. Ein bißchen schweigsam, kriegt die Zähne nicht auseinander. Muß man leider sagen. Aber stille Wasser sind tief, und besser als so ein Schwätzer. Wie dieser Autofuzzi, na, wie hieß der noch mal, ach ist auch egal.

Frau Stump hatte gebacken. Eine Schwarzwälder Kirsch, eine Sachertorte, eine gedeckte Apfeltorte. Kein Akt, wenn sie einmal dran ist. Macht sie aus dem Eff-Eff. Ohne Kochbuch, freihändig. Jahrelanges Training eben. Früher haben sie noch viel mehr gebacken, ihre Mutter und auch die Tanten. Aber heute essen die Leute ja nix mehr. Ein Stück Kuchen und dann können sie schon nicht mehr. Sie selbst muß sich auch ein bißchen zurückhalten. Aber von dem Apfel kann man ruhig zwei Stück. So leicht, wie der ist.

Herr Stump hatte dazu genickt. Nehmen Sie sich doch auch noch ein Stück Apfel. Oder lieber Sachertorte. Wenn man ihn fragt, er hats ja mit der Schwarzwälder Kirsch. Schon die Farben, eine Augenweide: das Braune, Weiße, Rote. Im Magen kommt dann alles zusammen. Eigentlich schade.

Noch einen Schnaps zur Verdauung? Er braucht nach Kuchen immer einen. Hatte seine Frau nicht neulich den Grappa …?

Eigentlich war der Grappa fürs Backen gedacht, hatte Frau Stump mit einem Seitenblick auf den jungen Mann gesagt. Der junge Mann hatte nichts gesagt, nur Herrn Stump hinterhergeguckt, wie er in der Küche verschwand.

Daß die Gäste jetzt schon gehen wollen! Frau Stump bedauerte es sehr. Na ja, am anderen Tag wieder Arbeit. Kann sie auch verstehen. Aber ein Stück Kuchen muß sie uns mitgeben. Nein, keine Widerrede. Und die Melanie nimmt auch noch was mit. Wäre doch *Sünde*, wenn das alles umkäme. Wenn sie manchmal im Fernsehen sieht, was alles weggeworfen wird, die ganzen schönen Äpfel zum Beispiel, einfach so. Kann sie sich nicht mit angucken. Kann sie nicht verstehen mit ihrem gesunden Menschenverstand, was die Politiker sich dabei denken. Sie kann jedenfalls nichts wegwerfen, wo sie doch als Kind noch die schlechte Zeit mitgemacht hat. Sie läßt sich auch im Restaurant immer einpacken, was sie nicht mehr essen kann. Neulich, den Fasan zum Beispiel. Hunde vertragen aber keine Röhrenknochen, hat der Kellner gesagt. So was von unverschämt. Jedenfalls, den ganzen Kuchen jetzt nur für sie, soviel, das schaffen sie nicht. Wenn sie und ihr Mann allein sind, sie essen doch unter der Woche nichts. Und hat sie nicht eben mitgekriegt, daß wir morgen abend auch Besuch bekommen? Ist doch praktisch, dann gleich was zum Anbieten im Haus zu haben. Brauchen Sie sich nicht selbst hinzustellen und zu backen, hatte Frau Stump gesagt. Das war einzusehen. Dankend hatten wir beobachtet, wie Frau Stump mit geübtem Schwung eine halbe Schwarzwälder Kirsch-Torte in Alufolie einschlug. So, bitteschön. Bißchen aufpassen, daß sie nicht zerdrückt wird. Haben wir auch versucht. Aber wir haben vergessen, die Torte anzuschnallen auf der Rückfahrt.

Beim Einparken ist sie von ihrem Sitz gehüpft und auf der Fußmatte gelandet.

Aldi muß sowas geahnt haben, nicht ohne Grund, so erkennen wir jetzt, bietet das Unternehmen seiner Kundschaft die 10-Meter-Rolle Alufolie an, die sich durch besondere Reißfestigkeit auszeichnet. Wie selbstverständlich paßt sich die Alufolie auch der neuen, fladenförmigen Tortenform an. Aber kann man dergleichen anderentags noch Gästen anbieten? Andererseits, darf man Lebensmittel so einfach wegwerfen? Sollen wir tun, was man nicht tut, oder sollen wir eine Sünde begehen? Werner Stumps Wort vom Magen, in dem alles zusammenkommt, fällt uns ein. Wo haben wir noch gleich den Pürierstab? Vorsicht, nicht die Alufolie mit zerkleinern. So, und jetzt ab damit ins Gefrierfach. Schwarzwälder Kirsch-Parfait, selbstgemacht und unwiderstehlich.

Wiener Kirschkuchen

für den Teig:
100 g Butter
60 g Zucker
150 g Mehl

für den Belag:
300 g Butter
300 g Zucker
6 Eigelb
1 Zitrone (abgeriebene Schale)
1 Prise Salz
6 Eiweiß
150 g Mehl
150 g Speisestärke
450 g Sauerkirschen aus dem Glas
1/2 Tasse Puderzucker zum Bestreuen

Die Butter mit dem Zucker verrühren, das Mehl darüberstreuen und zu einem Mürbeteig verkneten. 1 Stunde kühl stellen. Dann den Teig auf den gefetteten Boden und Rand (ca. 2 cm hoch) einer Springform verteilen und 10–15 Minuten auf der mittleren Schiene bei 190° vorbacken.

Jetzt für den Biskuitteig die Hälfte des Zuckers mit der ganzen Butter, dem Eigelb, der Zitronenschale und dem Salz schaumig rühren. Das Eiweiß mit der anderen Hälfte des Zuckers steif schlagen und unter die Eigelbmasse heben. Das Mehl mit der Speisestärke über die Eimasse sieben und unterziehen. Den Biskuitteig auf den vorgebackenen Boden füllen und die abgetropften Kirschen darauf verteilen. Bei 190° auf der unteren Schiebeleiste ca. 70–80 Minuten backen. Abkühlen lassen und mit Puderzucker bestreuen.

Wert der Zutaten: ca. 8,50 DM.